Le soldat et le gramophone

DU MÊME AUTEUR
AUX ÉDITIONS STOCK

Le soldat et le gramophone
roman

LA COSMOPOLITE

Saša Stanišić

Le soldat
et le gramophone

théâtre

Traduit de l'allemand
par Françoise Toraille

Stock

TITRE ORIGINAL :
Wie der Soldat das Gramophon repariert

ISBN 978-2-234-06327-3

1. Prologue.
Le magicien du possible et de l'impossible

Grand-père Slavko prend le tour de tête d'Aleksandar avec la corde à linge de Grand-mère.

ALEKS : Aïe, Grand-père, tu me pinces !

GRAND-PÈRE SLAVKO : Tiens-toi tranquille… là… bon. Qu'en dis-tu ?

ALEKS : Et toi, t'en dis quoi ?

GRAND-PÈRE SLAVKO : En fait, je n'ai pas encore l'âge de ce genre d'âneries, et toi, tu ne l'as déjà plus.

ALEKS : Moi je dis : pas question qu'on me voie avec ce truc-là !

GRAND-PÈRE SLAVKO : J'espère bien. *(Il lui pose le chapeau sur la tête.)* Aleksandar ! Ce chapeau et cette baguette possèdent un pouvoir magique. En portant le chapeau et en brandissant la baguette, tu seras le plus puissant magicien du possible et de l'impossible dans l'ensemble des États non alignés. Ton pouvoir aura une portée révolutionnaire particulière tant qu'il s'exercera en conformité avec les idées de Tito et en accord avec les statuts du Parti communiste yougoslave. L'invention, c'est le don le plus précieux, l'imagination, la plus grande des richesses. Retiens bien ça, Aleksandar, retiens-le bien et imagine un monde plus beau.

2. La cueillette des prunes. Une fête

Une fête, une orgie de récits, de victuailles, de rivalités en tous genres. Une orgie chaotique de mots et de mangeailles, de rythme, d'ironie et de sérieux. L'Oncle Bora cloue des nappes en plastique sur les tables, tout le monde se goinfre de prunes, il y en a partout. Aleks mange une prune après l'autre.

LA MÈRE : Va tout de même falloir que tu manges à midi, vas-y moins vite !

ALEKS : Cueillette des prunes à Veletovo : la famille toute entière est rassemblée. Les arrière-grands-parents nous ont invités au village pour la récolte, et c'est la fête des prunes.

L'ARRIÈRE-GRAND-MÈRE : Pour les prunes, il tient de sa mère. À la fin de sa grossesse, elle ne faisait plus que regarder le patinage artistique à la télé et manger des quantités incroyables de prunes.

LA MÈRE : Dans la journée des prunes, le soir de la viande hachée et du chocolat, entre-temps des carottes, et quand j'avais soif, des litres et des litres de café, c'est pour ça que notre Aleks est une boule de nerfs.

LE PÈRE : Avec une petite cigarette de temps en temps, non ?

TANTE TYPHON : Grimper un peu aux arbres, ça peut pas te faire de mal !

ONCLE BORA : À moi, non, mais pense un peu à ces pauvres arbres !

ALEKS : Ces deux-là, c'est mon oncle Bora et ma tante Gordana. Tante Gordana, île de blondeur dans l'océan de cheveux noirs de notre famille, tout le monde l'appelle Typhon : elle vit quatre fois plus vite que les gens normaux, parle quatorze fois plus précipitamment…

ONCLE BORA : … et elle pique même un sprint entre le frigo et la cuisinière. Mon petit Typhon !

ALEKS : Tante Typhon attend un bébé qui va naître au plus tard dimanche, lundi au grand maximum – avec des mois d'avance, mais complètement fini, comme au bout de neuf mois. Tante Typhon, ce bébé, que dirais-tu de l'appeler Speedy Gonzales ?

TANTE TYPHON : Tu nous prends pour des Mexicains ? On attend une petite fille, pas une souris. S'appelera Ema.

ONCLE BORA : Et Bora Junior si c'est un garçon !

ALEKS : Mon oncle, Bora Senior, est travailleur immigré en Allemagne, là-bas, on dit « travailleur invité ». Bizarre tout de même qu'il y ait des endroits où les invités sont obligés de travailler – chez nous, un invité, on ne lui laisse même pas faire la vaisselle.

LA MÈRE : Les travailleurs immigrés, y a que dans leur propre famille qu'ils sont bien vus.

ALEKS : Depuis qu'un mur est tombé dans la meilleure des deux Allemagnes, il ne reste plus que la mauvaise. On l'a vu à la télé, chez nous. Tout en haut du mur, qui n'était pas du tout tombé, des gens joyeux dansaient. Et pendant que ceux qui étaient perchés là-haut faisaient la fête, au pied du mur, d'autres continuaient à travailler et récupéraient à coups de marteaux des petits bouts de ce mur.

TANTE TYPHON : Normal, les Allemands, ils n'arrêtent jamais de bosser.

ONCLE BORA : Pour moi, la plus mauvaise des deux Allemagnes avait toujours été la meilleure, parce qu'elle me payait mieux et qu'on y comprend quelque chose à leur code de la route...

TANTE TYPHON : Oui, et ses feux de signalisation, ils ne sont pas plantés là comme chez nous, mais ils passent vraiment au vert...

ONCLE BORA : ... et on y trouve les mêmes maisons, par rangées de cent, et Lothar Matthäus...

ALEKS : ... et des tampons pour Tante Typhon. Des petits bâtonnets de coton qu'elle se met dans le derrière pour se freiner un peu. Il y en a aussi parfois chez nous, mais ils n'agissent pas vraiment sur les gens trop rapides, je ne sais pas pourquoi.

ONCLE BORA : À l'étranger, les gens s'imaginent que nous passons notre temps à faire la fête. C'est faux, il faut tout de même que de temps en temps nous rangions ce qui reste de la fête. En plus, ce genre de fêtes, ça coûte un max.

L'ARRIÈRE-GRAND-MÈRE : Une fois, nous avons fait la fête deux nuits de suite parce que j'avais découvert une météorite grosse comme le poing dans une planche de carottes !

ONCLE BORA : C'était une demi-heure après l'apparition de Superman à la télé !

ALEKS : Avec la météorite, mon arrière-grand-mère a fait une soupe, et après le dîner, elle a essayé de déraciner un chêne d'une prise de judo.

L'ARRIÈRE-GRAND-MÈRE : Mais les super-forces, elles ne servent à rien contre nos chênes…

L'ARRIÈRE-GRAND-PÈRE : En ville, les petits garçons ne deviennent pas des hommes, et à l'école, les imbéciles ne se transforment pas en savants au grand cœur !

ALEKS : Mon arrière-grand-père, il n'a été à l'école que jusqu'à la lettre « T». Parce que ce qui vient après n'a aucune importance.

L'ARRIÈRE-GRAND-MÈRE : Mon Nikola ! Un jour, il a obligé un bœuf à se mettre à genoux en l'empoignant d'une seule main pendant que, de l'autre, il cueillait pour moi le premier brin de muguet de l'année !

ALEKS : Les gens très vieux, ils vivent deux vies. Dans la première, ils toussent, avancent cassés en deux, et passent leur temps à soupirer. Dans la deuxième, ils discutent avec les orties, se prennent pour des shérifs, tombent amoureux d'abeilles et, pour l'inauguration des cabinets, ils organisent une énorme fête.

L'ARRIÈRE-GRAND-MÈRE : Des cabinets dans la maison ! L'arrière-grand-père a descendu avec quatre bœufs la moitié du mur, mais deux, ç'aurait mieux valu, on n'aurait pas eu besoin de se demander ensuite quoi faire avec ce trou trop grand et la balustrade arrachée.

ALEKS : L'arrière-grand-père a eu vite fait de trouver une solution : il a étendu les cabinets au balcon, qui est un peu plus petit maintenant…

L'ARRIÈRE-GRAND-PÈRE : En contrepartie, les cabinets sont plus grands. En plus, on peut y entrer par le balcon, et l'aération est garantie.

L'ARRIÈRE-GRAND-MÈRE : Tous les voisins sont venus à l'inauguration.

ONCLE BORA : Même Radovan Bunda, qui vient des montagnes, ne connaît l'électricité que par ouï-dire et parle à ses poules !

ALEKS : Grand-père a chanté une chanson qui racontait l'histoire d'un homme appelé Kraljević Marko. Marko franchit la Drina sur le dos d'un cheval qui boit du vin et il massacre les Turcs. Il en massacre tant et tant qu'on n'arrive pas à les compter.

LA MÈRE : Au fait, en parlant de la Drina – Aleksandar, tu montres ta médaille à ton arrière-grand-mère ?

ALEKS : Si tu veux.

LA MÈRE : Tu l'as mise où ?

ALEKS : *(la sort de sous sa chemise)* Tiens, la voilà.

Concours de pêche, flash back.

ONCLE MIKI : J'y crois pas, vraiment, j'y crois pas. Que ce soit toi, justement toi, qui gagne !

GRAND-PÈRE SLAVKO : Mais pourquoi t'y crois pas ?

ALEKS : Oui, pourquoi ?

LA MÈRE : Personne ne pouvait imaginer que tu allais gagner !

L'ARRIÈRE-GRAND-MÈRE : Montre voir ta médaille…

ONCLE MIKI : Le deuxième avait au moins six fois son âge et il était deux fois plus grand.

L'ARRIÈRE-GRAND-MÈRE : Ton père, il a dû être drôlement fier, hein ?

ALEKS : Papa n'était pas là. Il avait un tableau à terminer…

LE PÈRE : Oui, mais…

ONCLE MIKI : Samedi prochain, tous ceux qui ont été qualifiés doivent se retrouver sur les rives de la Drave, à Osijek – les meilleurs pêcheurs à la ligne de toute la République. Et le nabot, là, j'y crois pas…

GRAND-PÈRE SLAVKO : Oui, mais si tu n'avais pas flanqué le camarade Luka dans la Drina quand il a voulu voir ta carte de pêche, tu aurais pu participer au concours et prouver que tu es meilleur…

ONCLE MIKI : Moi ? Le flanquer dans la Drina ? Cet imbécile de mouchard, il a glissé et si je n'avais pas, par le plus grand des hasards, été dans le coin pour le tirer de là, c'est un bien vilain silure qui aurait mordu à l'hameçon !

L'ARRIÈRE-GRAND-MÈRE : Mon arrière-petit-fils est qualifié pour Osijek ! Et là aussi, il sera le meilleur !

LA MÈRE : Osijek, ça pose problème.

ALEKS : *(un peu à l'écart)* Personne ne peut m'y conduire, parce que personne n'imaginait que je pouvais gagner et qu'ils ont tous d'autres projets. C'est ce que m'explique maman. Elle ne dit pas…

LA MÈRE : C'est parce qu'en Croatie, le canon gronde.

ALEKS : Elle ne dit pas…

LA MÈRE : Parce qu'à Osijek, un char a réduit en miettes une auto rouge.

ALEKS : Elle ne dit pas que, du coup, il y a belle lurette que la finale a été annulée…

LA MÈRE : Pour peu qu'ils soient encore capables, là-bas, d'annuler quelque chose !

GRAND-PÈRE SLAVKO : *(se rapproche d'Aleks, regarde la médaille)* Je m'en doutais. Ah oui, vraiment, je le savais.

ALEKS : Personne ne pouvait le deviner, grand-père, comment aurais-tu fait pour le savoir ?

GRAND-PÈRE SLAVKO : Je t'ai observé, la semaine dernière, sur le pont, hier près du confluent.

ALEKS : Je ne t'ai même pas remarqué.

GRAND-PÈRE SLAVKO : Je sais regarder sans faire le moindre bruit.

ALEKS : Et comment as-tu pu comprendre que j'allais gagner ?

GRAND-PÈRE SLAVKO : Tu étais heureux, je l'ai vu. Et la discussion était animée, je l'ai vu aussi.

ALEKS : Mais grand-père, j'étais tout seul et j'apprenais une poésie.

GRAND-PÈRE SLAVKO : *(chuchote)* Je crois que tu n'étais pas seul, la rivière était là elle aussi.

ALEKS : Grand-père !

GRAND-PÈRE SLAVKO : Aleksandar ! *(Ils rient tous les deux, hochent la tête.)* Elle t'a confié un secret, la Drina, hein ?

ALEKS : Un seul secret, ça ne m'aurait pas beaucoup avancé avec elle…

GRAND-PÈRE SLAVKO : Et à Osijek, tu aurais aussi gagné ?

ALEKS : Non.

GRAND-PÈRE SLAVKO : Pourquoi ?

ALEKS : Là-bas, ce n'est pas ma rivière, et les histoires n'y sont pas mes histoires.

La Tante Typhon tourne la broche et le cochon de lait, ses joues sont rougies par la chaleur.

TANTE TYPHON : Si tu n'tournes pas assez vite, ça ne cuit pas de façon régulière !

Et à partir de là, en arrière-plan, Tante Typhon énumère les plats.

TANTE TYPHON : Il y a du saucisson frais au paprika et à l'ail, il y a du jambon fumé, il y a du lard fumé, il y a du fromage de chèvre, de brebis, de vache, il y a des pommes de terre sautées à la ciboulette, il y a des œufs durs ; il y a aussi des cure-dents, piqués dans le saucisson frais, dans le jambon, dans le fromage, dans les rondelles d'œuf ; il y a du pain blanc, du pain de maïs tout doré, le pain, on le rompt, on ne le coupe jamais ; il y a du beurre à l'ail, du pâté de foie, du kajmak, de la soupe aux pommes de terre, et sur le bouillon de poule la graisse fait des yeux gros comme le pouce, on trempe le pain dans les soupes ; il y a des roulades de chou blanc farci au riz et à la viande hachée, des poivrons farcis à la viande hachée, de la viande hachée farcie à la viande hachée…

Zoran et Edin font signe à Aleks de les rejoindre.

ALEKS : *(expliquant tout en s'approchant)* Voici mes deux meilleurs copains : Edin et Zoran. Edin, c'est le petit maigrichon à gauche – un paquet d'os, pâle, les tempes sillonnées de veinules bleues, des yeux qui lui sortent de la tête, on dirait un cheval. Il gobe un œuf tous les jours, pendant la grande récré, il collectionne des pattes d'insectes et fait de la danse classique – mais il n'est tout de même que le deuxième phénomène de l'école, bien loin derrière moi.
L'autre, c'est Zoran. Il est un peu plus vieux que moi. Avec lui, se taire n'est pas compliqué, car il n'est pas facile de discuter avec lui. Il ne s'intéresse qu'aux livres, à l'Autriche, aux princesses – à commencer par Ankica, qui est en quatrième – et à son père, le Morse. Il a des jeans délavés, et une étoile blanche sur ses baskets.

EDIN : Qu'est-ce qui s'est passé hier, pourquoi t'es pas venu ?

ALEKS : J'suis resté à la maison. Mes vieux se disputaient.

ZORAN : Lequel avait tort ?

ALEKS : C'est pas d'eux qu'il s'agissait. Mais de ce que tout le monde s'en va. Et de la situation. La situation, la situation… Ce qui se prépare, ce qu'on doit faire et tout et tout.

ZORAN : Et alors, qu'est-ce qui se prépare ?

ALEKS : Pas la moindre idée, parce qu'à ce moment-là, ma vieille, elle a ouvert la porte toute grande.

ZORAN : Hm.

EDIN : Tout le monde s'en va, non ? C'est comme une épidémie. Des familles entières touchées. On ne voit presque plus les autos sous les bagages.

ALEKS : L'idée de charger les canapés dessus me plaît bien. Tout le monde a besoin d'un canapé, où qu'il se trouve.

EDIN : Vous savez ce que je pense ? Ils fichent le camp. Ils se barrent. Sauve qui peut.

ALEKS : Mais pour aller où ?

ZORAN : Je voudrais surtout savoir : qu'est-ce qui les fait fuir ?

Silence lourd de sous-entendus. La tante Typhon poursuit son énumération.

TANTE TYPHON : Il y a des roulades de chou blanc farci au riz et à la viande hachée, des poivrons farcis à la viande hachée, de la viande hachée farcie à la viande hachée…

ZORAN : *(tire une photo de sa poche de poitrine)* Alors, ma petite Autrichienne, elle ne ressemble pas à Ankica ?

ALEKS : Ses yeux…

ZORAN : En Autriche, elles sont toutes comme ça. Tu t'imagines, un pays où toutes les filles ont c't'air-là ? C'est dingue !

ALEKS : Eh, Zoran, elle a le regard de Bruce Lee…

ZORAN : Parfaitement. Les Autrichiennes ont toutes le regard de Bruce Lee. Mais leurs cheveux sont plus beaux… Salut, Dieu vous bénisse, Dieu vous bénisse, jolie madame, Dieu vous bénisse ! Kung-Fu !

EDIN : Ce que je préfère, dans les films de Bruce Lee, c'est les Japonaises. Et aussi les touristes allemandes sur les rives de l'Adriatique…

ALEKS : Mon grand-père, il dit que l'Allemagne et le Japon ont toujours été amis, mais qu'ils n'aiment pas s'en souvenir.

TANTE TYPHON : *(continue sans se laisser perturber)* Il y a du chocolat, il y a du poulet, il y a de la salade de concombre, je n'ai jamais vu un plat aussi peu considéré que cette salade de concombre ; il y a des baklavas chauds, le sirop fait d'un mélange de sucre, de cannelle, de miel et de clous de girofle dégouline sur les doigts, sur les pantalons, sur la viande hachée.

ONCLE BORA : Sucré, tellement sucré, je n'y tiens plus ! Assez ! Encore !

TANTE TYPHON : Il y a des prunes et encore des prunes, des strudels aux prunes avec du sucre vanillé et de la compote de prunes, des prunes au four nappées d'un sirop de sucre ; il y a des melons, l'orchestre d'amateurs et ses cinq musiciens, ici, on en a besoin pour qu'à l'étranger on comprenne que la fête va dégénérer, il joue justement, en l'honneur des melons, « Dans la bonne vieille ville de Višegrad ».

Musique.

L'ARRIÈRE-GRAND-PÈRE : *(crachant une salve de pépins de melon)* Ah non, ça ne va pas, un truc aussi langoureux pour accompagner le melon, bande de dilettantes !

TANTE TYPHON : En fait, il en est déjà depuis longtemps à l'agneau – dans la main gauche une tranche de melon, dans la droite le gigot d'agneau, qu'il ronge tour à tour.

À un autre endroit de la fête.

GRAND-PÈRE SLAVKO : Le père de Zoran, c'est Milenko Pavlović le tireur à trois points autrefois redouté. À cause de sa moustache hirsute et de ses bajoues qui pendent, tout le monde le connaît sous le nom du Morse. À la fin de sa carrière, le Morse arbitrait toutes les parties de première division du championnat de Yougoslavie. Zoran l'avait accompagné pour un match à Split, c'était en avril, et avait proposé de ne pas passer la nuit sur place mais de rentrer tout de suite après la partie de bingo. Après le match, on jouait au bingo, on mangeait un plat de côtes d'agneau aux haricots dans le meilleur hôtel de la ville, une sacrée portion pour le Morse, qui avait sifflé de belle manière en faveur de l'équipe locale.

LE MORSE : *(en vidant un petit verre de schnaps)* Le huitième verre, c'est pour mon petit, mais il n'a pas encore le droit de le boire, c'est moi qui m'occupe de ça pour l'instant !

GRAND-PÈRE SLAVKO : L'équipe locale l'avait emporté de peu, mais on ne pouvait pas en dire autant du Morse au bingo.

LE MORSE : D'accord, en route – mais un compagnon de route qui roupille, ça ne m'intéresse pas, si tu me plantes pour pioncer, je te laisse sur le mont Romanija.

EDIN : En fait, Zoran a immédiatement piqué du nez…

ZORAN : Faut pas pousser ! Avec mon père qui chantait, pas question de fermer l'œil. Et quand enfin il a fini par s'arrêter, j'étais vraiment crevé, et j'ai descendu trois sachets de glucose avec le café de la Thermos. J'ai pas dormi une seconde !

LE MORSE : Oui, oui, t'as juste un peu fermé les yeux, et moi aussi. Faut vraiment qu'on se les remette en face des trous, les yeux, le prochain coup, y aura pas forcément une prairie pour nous arrêter !

Un silence.

ALEKS : J'ai transmis ton message à Ankica. On était seuls comme tu le voulais, et après, je lui ai dit tout simplement : c'est comme ci et comme ça.

ZORAN : C'est comme ci, et comme ça…

ALEKS : Oui, et que tu étais désolé. Que tu t'excusais. Oui, et que ça ne se reproduirait plus.

ZORAN : À quoi elle ressemblait ?

ALEKS : Ben, comme d'habitude. Des boucles, des yeux et tout et tout. Elle a dit que les deux premières fois déjà tu lui avais promis que ça ne se reproduirait pas. Elle a dit qu'elle te déteste et qu'elle ne veut plus jamais te voir. Elle a dit aussi que tu es prié de ne pas lui envoyer de nabots quand tu veux lui parler, c'est presque pire que ton incapacité à te dominer. Là, du coup, j'ai trouvé que ce n'était pas vraiment top.

ZORAN : Elle n'a pas parlé d'incapacité à se dominer.

ALEKS : Elle a parlé de baffes, voilà de quoi elle a parlé. Ras le bol, elle a dit, elle n'est plus heureuse avec toi. *(Un silence.)* Tu devrais vraiment lui présenter toi-même tes excuses, Zoran.

Un silence. Retour en arrière.

LE MORSE : Regarde, Zoran, ce brouillard, on croirait du ciment !

GRAND-PÈRE SLAVKO : Sur le mont Romanija, nuit noire, petit matin, il faisait froid, et en même temps, c'était le printemps. Le père et le fils s'étaient postés, l'un à droite, l'autre à gauche d'un sapin, pour pisser dans la pente, à travers le brouillard ciment, sifflotant chacun de son côté. Zoran s'est mis à cueillir des fleurs de pissenlit et des pâquerettes pour en faire un bouquet.

ZORAN : Papa, regarde !

LE MORSE : C'est pas terrible, mais ta mère va être contente, des fleurs, ça reste des fleurs.

ZORAN : Aleks, note bien ça : des fleurs, c'est pas seulement des fleurs. Et quand j'aurai fini l'école, j'irai en Autriche. Mon Ankica, elle viendra avec moi, et les Autrichiennes, elles pourront toujours faire leurs yeux à la Bruce Lee…

ALEKS : Zoran, pourquoi tu la frappes pour de vrai ?

ZORAN : Ta petite amie, tiens-là comme ça dès le premier jour, et il ne t'arrivera jamais ce qui est arrivé à mon père.

Retour au récit.

GRAND-PÈRE SLAVKO : Les fleurs, ça reste des fleurs, a dit le Morse à Zoran, ta mère va être contente. Mais ce dimanche-là, le père et le fils sont arrivés dès le matin, six heures plus tôt que prévu, et…

ZORAN : Maman n'a pas été contente du tout. La porte n'était pas fermée à clé, et ses cheveux étaient détachés. Elle n'a pas été contente, elle était toute nue.

ALEKS : Et pourquoi du brouillard comme du ciment, au fait ?

LE MORSE : La porte n'était pas fermée, et pas davantage la braguette de Bogoljub Balvan, le buraliste. Ma femme, à genoux devant Bogoljub, les cheveux en désordre, caressait ses cuisses de buraliste, et sa tête allait d'avant en arrière, comme celle d'une poule.

On voit : le buraliste, Dragica en train de lui tailler une pipe. Ou des fleurs écrabouillées. Le père porte à ses lèvres son sifflet d'arbitre et siffle. Des livres par terre.

ZORAN : Maman serre les dents, Bogoljub pousse un hurlement de douleur.

DRAGICA : Dieu du Ciel, Milenko !

Dragica s'essuie la bouche, se couvre avec la nappe, se précipite en titubant vers le Morse.

LE MORSE : *(bras tendu, poing serré)* Faute offensive ! Pas un pas de plus ! Par terre, là, je vois Hemingway et Marx côte à côte, pas vrai ?

BOGOLJUB : Pitié, Sainte Marie, mère de Dieu ! *(Il tiraille sa fermeture éclair.)* Sainte Marie, salut de mon âme, faites que ça ne coince pas !

Le Morse : *(hurlant)* C'est ça, Dragica, paie-toi la gueule du soleil ! C'est pour que tu t'y envoies en l'air que j'ai construit pour nous cette maison de mes propres mains ? Et toi, Bogoljub, on se connaît depuis les pionniers, tout ça pour que tu fourres ta queue dans la bouche de ma Dragica, et dans ma propre maison, en plus ? C'est comme ça que tu me rends ce que je t'ai prêté pour acheter ton bureau de tabac ? Mais enfin, saute donc la sainte patronne des buralistes ! Hors d'ici, vous deux ! Si vous tenez à la vie, remettez ces livres sur les étagères, ce sont de bons livres ! *(Ils sortent tous deux en titubant. Seul avec Zoran.)* Apporte-moi tout ce que tu trouves, Zoran, pas besoin de verres. *(Il se déshabille et se retrouve en caleçon.)*

Zoran : Je lui ai apporté du schnaps, du cognac, du vin. Pendant un moment, je l'ai regardé faire – lever le coude, le baisser, lever le coude, le baisser. Mon père a bu jusqu'aux premiers gazouillis des oiseaux. Puis il a mis son fusil en bandoulière, est parti tranquillement par les rues, visant les oiseaux dans le petit jour et n'en touchant pas un.

Le Morse : Bogoljuuub ! Bogoljuuub ! Sors de là, qu'on s'embrasse en frères ! Bogoljuuub !

Zoran : Comme rien ne bougeait dans la maison de Bogoljub, il a enfoncé la porte, a flanqué par terre l'étagère, a mis le feu à l'édition complète de Marx, et tandis que les flammes s'élevaient de plus en plus haut, il a chié sur le tapis. Il n'avait pas pris de papier toilette, mais l'écharpe de Bogoljub était assez longue.

GRAND-PÈRE SLAVKO : À ce moment-là, ce qui vous était arrivé sous votre propre toit avait déjà fait le tour de la ville. On s'était rassemblés, on regardait le Morse en train de flanquer dans la Drina tout ce qu'il y avait dans le magasin de buraliste de Bogoljub.

ZORAN : Jusqu'au dernier crayon !

GRAND-PÈRE SLAVKO : Tout ce qui n'était pas scellé et fixé a plongé dans le fleuve, et tout le reste a suivi. Même ce qui était scellé et fixé.

ZORAN : Les tiroirs, les étagères, les présentoirs à revues.

GRAND-PÈRE SLAVKO : Pour finir, il a arraché la porte de ses gonds et l'a balancée dans les flots.

ZORAN : On nous a donné, à mon père et à moi, du schnaps et de l'ail, Amela nous a apporté du pain chaud et du sel.

ALEKS : Amela, elle fait le meilleur pain du monde.

Ils acquiescent tous.

ZORAN : Les vieux me tapotaient la tête, au moment où mon père s'est installé dans sa voiture, on aurait dit qu'ils allaient se mettre à pleurer, et en même temps à jurer.

LE MORSE : Zoran, je m'en vais. Il faut que je nous rééquipe de neuf. Pour moi, *Le Capital*, et pour toi, une mère.

GRAND-PÈRE SLAVKO : Il a par deux fois foncé avec son auto sur la boutique du buraliste, puis il a quitté la ville en klaxonnant.

Silence

ALEKS : Et maintenant ?

ZORAN : Maintenant ? Maintenant, je ne supporte plus les pâquerettes ni les fleurs de pissenlit. Des fleurs de merde, ça reste des fleurs de merde.

Il quitte la scène.

ALEKS : Zoran ne casse la figure qu'à celui qui l'a vraiment mérité ! Il s'en prend à ses deux cousins qui sont des grandes gueules, ou à Edin parce qu'il fait de la danse classique.

EDIN : Oui, mais quand il a appris que je n'avais pas de père, il s'est excusé…

L'ARRIÈRE-GRAND-MÈRE : L'amour, quel trésor précieux…

Silence.

ONCLE BORA : Oulala ! Y a même du cochon de lait !

TANTE TYPHON : Des bouts de gras de cochon cuits, salés, pressés, il y a du boyau de cochon cuit, des oreilles de cochon en gelée…

L'ARRIÈRE-GRAND-PÈRE : Rien qu'il n'y ait pas.

L'ARRIÈRE-GRAND-MÈRE : L'an dernier, à Pâques…

ONCLE MIKI : La prochaine fois qu'on tue le cochon, tu pourras le chasser avec nous, Aleks.

LE PÈRE : Lui trancher la gorge, ça marche bien.

ONCLE BORA : Frapper au cœur, c'est ce qui marche le mieux.

ONCLE MIKI : Peu importe où tu frappes, si au bout du compte le cochon est vraiment mort.

L'ARRIÈRE-GRAND-MÈRE : L'an dernier, à Pâques…

TANTE TYPHON : À table, le café est servi !

L'ARRIÈRE-GRAND-MÈRE : Un désir inassouvi et trois grandes histoires d'amour dans les trois mois.

LA MÈRE : Voyons, il est bien trop jeune pour ça !

L'ARRIÈRE-GRAND-MÈRE : Bon, d'accord, alors deux grands amours et un flirt – une artiste compliquée ! Des yeux verts comme les siens, t'en a jamais vus !

LA MÈRE : Elle ne met jamais plus de deux minutes pour dire l'avenir, mais pour oncle Miki, il lui faut une demi-heure.

ALEKS : Oui, mais c'est qu'il part à l'armée.

L'ARRIÈRE-GRAND-MÈRE : Tu ferais mieux de ne pas y aller, Miki. c'est pas le moment de devenir soldat. Pas besoin de regarder le fond de la tasse…

TANTE TYPHON : Il y a du börek, de la pita aux pommes de terres, de la pita aux orties, de la pita au potiron, du gâteau aux noix…

ALEKS : … et pour moi, un peu de vin rouge !

L'ARRIÈRE-GRAND-MÈRE : Oui, oui, oui. Vous êtes tous mes enfants, c'est pas facile pour moi.

TANTE TYPHON : Tout dans le désordre, pas d'après, toujours quelqu'un pour dire qu'il n'en peut plus.

LA MÈRE : Impossible d'avaler une bouchée de plus.

TANTE TYPHON : Il y a des mains qui s'agitent pour refuser, personne ne prend leur agitation au sérieux ! Parce qu'il n'y a pas de retour en arrière, il y a des visages vexés quand quelqu'un menace sérieusement de mourir au prochain demi-poulet.

Accélération du tempo.

L'Arrière-grand-mère : Voilà un petit vin qui ravigote ! *(Elle remplit tous les verres.)*

Aleks : L'oncle Bora empile du pain blanc frais sur du pain blanc tout chaud !

Oncle Bora : Je suis au paradis du pain blanc, ensuite, en route pour le paradis du cidre !

Aleks : Pas tout à fait ce qu'il faut le jour des prunes, et du coup, l'oncle Miki lui met la slivovitz sous le nez.

Oncle Miki : Tu bois comment ? De ton plein gré, ou je te la verse dans les naseaux ?

La Mère : Et il y a Nataša et sa petite robe à fleurs, pieds nus, les joues rouges comme si elle avait la fièvre — qui n'arrête pas de courir après Aleksandar.

Rire général.

Aleks : Nataša, elle est là depuis le début de la soirée, elle court et court, et me poursuit en pointant les lèvres, elle a perdu une dent.

Nataša : Un bisou, un bisou !

Aleks : Elle trouve toutes mes cachettes. *(Aleks, à bout, se réfugie sous la table.)*

Tous : Un bisou, un bisou !

L'Arrière-grand-mère : Allez, attrape-le, voilà bien les gars de la ville, ils ont peur de nous, ils se cachent entre les pieds de la table !

Tous : Allez, un bisou, un bisou !

Rire général, qui enfle et gronde, joyeux, sonore. Soudain, silence, un discours.

Aleks : Mon père ? Un discours ? D'ordinaire, il ne parle pratiquement jamais. Après le boulot, il disparaît dans son atelier. Je ne me plains pas, il parle encore moins aux autres qu'à moi.

La Mère : Je suis contente de pouvoir me consacrer toute seule à l'éducation d'Aleksandar.

Aleks : En la matière, nous ne la contrarions pas, ni papa ni moi.

Le Père : Pas maintenant, tu ne vois pas que je suis occupé !

Aleks : Mon père est un artiste. Les artistes doivent créer des séries bien réfléchies.

Le Père : Les artistes doivent créer des séries bien réfléchies.

Aleks : Reproduire le réel...

Le Père : Reproduire le réel, c'est capituler ! Les artistes doivent transformer, créer des formes nouvelles ! Un artiste, c'est quelqu'un qui change le monde et qui crée des mondes nouveaux !

ALEKS : *(à son père)* Je veux créer des choses inachevées. Je serai l'artiste du bel inachevé ! Des prunes sans noyaux, des fleuves sans barrages, le camarade Tito en T-shirt… !

LE PÈRE : Pas maintenant, tu ne vois pas que je suis en train de m'occuper de mon discours !
Attraper un cochon, c'est pas une mince affaire ! *(Musique douce, un genre de sirtaki.)* Parce que les cochons, ils courent vite, ils prennent bien les virages. Et en plus, ils pensent en même temps que toi ! Le cochon, il voit le couteau bien aiguisé et il sait que deux et deux font quatre. Il se dit : tout est clair, maintenant, faut faire fissa ! Le cochon aurait-il une sorte de vision ? Dans la tête du cochon, la panique et l'instinct font bon ménage. Leur commun jardin est fleuri par la pensée prémonitoire : fleur lumineuse pour des instants de lumière ! Le cochon cueille une de ces fleurs et il détale ! Le dernier des bouchers n'a pas refermé la porte derrière lui. Le dernier des bouchers, c'est Bora. Il considère le tunnel que forment ses jambes.

ONCLE BORA : C'est pas l'cochon qui vient de passer ?

LE PÈRE : Oui, mon petit Bora, c'est le cochon, mais le cochon, il file déjà vers les prés dans un bruissement d'herbes. Et vous savez quoi ? Un cochon si plein d'astuce, un cochon si rapide et si élégant, un cochon capable d'une vision, sa liberté, je trouve qu'il l'a méritée ! Finis, l'abrutissement collectif et les remugles de la porcherie, en route vers l'individualisme ! Le cochon grogne pour saluer l'avènement de sa révolution ! Mais ce cochon, il n'a pas imaginé qu'il y aurait mon petit Miki. Parce que Miki, il va être soldat, on le comprend rien qu'en le regardant : le cochon a une avance de cinquante, soixante mètres, mais Miki, il s'en moque complètement.

ONCLE MIKI : Ouaahhh ! Je m'en moque complètement.

LE PÈRE : Et soudain, le cochon s'arrête net ! Qu'est-ce qui se passe ? Le cochon reste planté là, il regarde les montagnes, il regarde Miki, les montagnes, Miki. C'est seulement au moment où Miki l'a presque rattrapé qu'il reprend sa course folle. Sauf que cette fois, il ne fonce plus vers la liberté, il reprend le chemin de la ferme. Il se cogne entre l'étable et la grange et reste coincé sur l'arrière, là où la cour se rétrécit. Le reste de l'histoire, vous l'avez vu vous-mêmes, nous n'avons réussi à le sortir de là qu'à l'aide du treuil et du tracteur, comme quand on débouche une bouteille. À la santé de mon frère !!!

Ils lèvent tous leurs verres en direction de Miki. La musique joue plus fort.

ONCLE MIKI : Tuer un cochon, normalement, c'est très facile − y a juste deux erreurs à ne pas faire : oublier d'attach'er le chien, que l'odeur du sang rend fou, ou frapper à côté et dans ce cas-là c'est le bestiau qui devient fou et met une éternité à crever.

LE PÈRE : Et Bora, il a commis les deux erreurs.

ONCLE MIKI : Bora, mon vieux ! Tu t'es fait baiser par ce cochon aux pieds ailés, c'est peut-être le rein, mais sûrement pas le cœur !

ALEKS : Petak saute autour des hommes et du cochon qui pisse le sang. Il n'aboie plus, il crie ! La bave dégouline, il montre les dents, elle lui coule le long de la gueule. Miki ne peut pas lâcher le cochon, parce que Bora lève de nouveau le couteau, il prend son élan…

La musique joue très fort, gronde.

ONCLE MIKI : Petak, suffit, suffit !

Un coup de feu.

KAMENKO : *(hurlant)* Assez ! Fini la musique ! Qu'est-ce qui se passe ici ? Cette musique-là dans mon village ? On est à Veletovo ou à Istanbul ? On est des hommes ou des bohémiens ? Chantez *nos* rois et *nos* héros, *nos* batailles et la Grande Serbie ! Miki part demain à l'armée, et pour son dernier soir, vous lui remplissez les oreilles de cette merde turque ?

Le canon du pistolet est plongé dans la trompette. Le bras de Kamenko tremble, le trompettiste tremble, il passe un vent froid.

LA MÈRE : Reste sous la table !

KAMENKO : Assez ! Fini la musique ! Maintenant, c'est moi qui décide ce qu'on joue ! Notre peuple n'a pas gagné des batailles pour que des bohémiens traînent nos chants populaires dans la boue !

Silence. L'Arrière-grand-père dort. Kamenko bloque le musicien contre le mur, lui coince le menton de son bras. L'Arrière-grand-mère s'essuie les lèvres avec une feuille de laitue.

L'ARRIÈRE-GRAND-MÈRE : High noon, cow boy, je compte jusqu'à trois !
Un, Kamenko, mon brave Kamenko, sais-tu que j'ai allaité ton grand-père Kosta, parce que le lait de sa mère était trop léger ? C'est mon lait qui l'a ragaillardi, qui l'a fait grandir, c'est grâce à mon lait qu'il dansait à toutes nos fêtes. Mais quand ton Kosta avait envie d'une chanson, il ne tirait pas autour de lui, il passait les bretelles de son

accordéon et enfonçait les touches, comme un vrai gaillard, les musiciens n'arrivaient même pas à le suivre !

Deux, Kamenko, mon joli Kamenko, tu t'es laissé pousser les cheveux et la barbe, et tu as cousu sur ta casquette un écusson, tu l'as cousu de travers, on peut apprendre à faire mieux. Mais sais-tu que ton grand-père Kosta, il est parti en guerre contre ce genre de casquettes ornées de l'aigle à deux têtes ? Qu'il a par deux fois été blessé à la même épaule, par deux fois au même mollet, parce qu'il voulait nous protéger de gens comme toi ?

Trois, Kamenko, mon bandit assoiffé de pétarade, pourquoi ces coups de feu dans notre maison ? Nous en avons creusé la cave de nos propres mains pour l'ancrer dans le sol, nous l'avons élevée vers les nuages, et tu lui tires en plein cou, là où habite son âme ?

KAMENKO : Ah bon, la maison… Je vais te le payer, ton crépi, mais qui me dédommagera de l'injure faite à mes oreilles ? Miki est mon frère de sang, sa famille est ma famille − respect et gloire à ce sang ! *(Les pères se faufilent jusqu'à Kamenko qui fait demi-tour, faisant mine de tirer tour à tour sur chacun d'eux, pan, pan, pan.)* Mais, mais, mais ! mon grand-père Kosta, son épaule et son mollet, il les a sacrifiés pour son pays et pour son peuple, oui ou non ? Nous sommes assis ici et pendant ce temps-là, les Oustachis mettent notre pays à feu et à sang, ils pourchassent notre peuple et le massacrent ! Et mon grand-père, n'at-il pas, lui aussi, combattu les Oustachis ? Il l'a fait, madame Krsmanović, il l'a fait ! Je ne tolérerai pas un instant de plus qu'on me serve des chants d'Oustachis et des lamentations turques ! C'est notre musique que je veux pour notre Miki ! Des chants des temps glorieux. Et tout de suite ! Je ne suis pas venu pour faire des discours, je suis ici pour danser ! Ouste, et que ça saute, vite, vite !

Silence. Ronflements. L'Arrière-grand-père se réveille et se met aussitôt à chanter, ce qui détourne l'attention de Kamenko. Les pères en profitent pour le maîtriser et le plaquer contre le mur. L'arrière-grand-père chante, danse, pendant que les autres maintiennent Kamenko :

CHANT : « … ja joj nazvah selam, al' moga mi dina, ne šce ni da uje lijepa Emina… »

ONCLE MIKI : Lâchez-le !

ONCLE BORA : Mais enfin, Miki, ce type est malade !

CHANT : « … no u srebren ibrik zahitila vode pa po bašti ule zalivati ode… S grana vjetar duhnu pa niz pleći puste rasplete joj one pletenice guste… »

40

MIKI : *(hurlant)* J'ai dit : Lâchez-le ! Kamenko, tu n'aurais tout de même pas vraiment tiré sur quelqu'un ?

KAMENKO : Ça va, c'est bon, ça va !

CHANT : « Zamirisa kosa ko zumbuli plavi,
A meni se krenu bururet u glavi
malo ne posrnuh, mojega mi dina,
non meni ne dóde lijepa Emina. »

L'Arrière-grand-père fait le tour des tables en dansant et récupère au passage le pistolet de Kamenko. Il tire jusqu'au moment où l'on entend un cliquetis au lieu du coup de feu.

L'ARRIÈRE-GRAND-PÈRE : Eh oui…

ALEKS : Pour plein de choses, il n'y a pas d'explication. Il y a ce « Eh oui »… Il y a ce Kamenko hurlant…

KAMENKO : Je suis en train de fouiller la merde, mais quand notre heure sera venue, les traîtres, la merde, ils la boufferont !

ONCLE MIKI : L'heure est venue de tenir tête aux Oustachis et aux Moudjahidin.

GRAND-MÈRE : *(en giflant Miki)* Sale gamin effronté !

Ils sont tous dégrisés. La musique s'interrompt. La fête est finie.

41

L'Arrière-grand-père : Tu racontes de sacrées conneries.

La Mère : Allons, Miki, à quoi ça ressemble ?

Aleks : Regards à la dérobée vers ma mère. Mon père qui ne dit rien, teint blafard, un teint pareil, ça me vaudrait des piqûres de pénicilline. Les Oustachis, les résistants les ont battus tout comme ils ont battu les nazis et les Tchetniks et les Mussolini et en général tout ceux qui s'en prenaient à la Yougoslavie. Et il y a aussi les Moudjahidin qui traversent le désert au galop et s'habillent de draps. Il y a ceux qui font partie de quelque chose et les autres. Et il y a cette question, dans la cour de récré : tu es quoi ? Je suis un mélange. Moitié moitié. Je suis Yougoslave, donc je suis fait de plusieurs morceaux.

Changement d'éclairage. Transition, scène calme, comme une fête qui s'achève.

La Mère : Alors, de quoi t'as envie, mon camarade en chef des mangeurs de prunes ?

Aleks : Je voudrais que tout soit bien pour toujours.

La Mère : Et bien, c'est quoi ?

Aleks : C'est que ce soir tu me prépares des sandwichs pour demain, que demain j'aie le droit d'aller à la pêche, sans que tu t'inquiètes parce que tu ne sais pas où je suis, que Grand-père soit toujours vivant et vous tous aussi, que les fêtes n'en finissent pas d'être joyeuses, qu'Osijek arrête de brûler, que l'an prochain l'Étoile rouge gagne de nouveau la coupe d'Europe et que... *(Montre un couteau de poche, la mère pourrait l'imiter.)* Couteau, gris, locomotive. *(Grand-Père Rafik montre son œil.)* Œil, gris, locomotive. *(Grand-Père Rafik montre la nuit derrière la fenêtre.)* Rêves, gris, locomotive.

LA MÈRE : Gris, et gris, et gris... Je me disais que tes yeux avaient un problème. Mais l'ophtalmo, en fait, c'est à moi qu'il a prescrit des gouttes parce que j'avais toujours les yeux rouges...

ALEKS : Un nom, une couleur, et la première chose qui vient à l'esprit après – c'était un jeu avec Grand-père Rafik.

LA MÈRE : Je sais. Et la locomotive, dans tout ça ?

ALEKS : Grand-père disait que les trains lui avaient brisé le cœur. Je ne voulais pas risquer que ça m'arrive aussi. Je me disais qu'en disant locomotive assez souvent...

LA MÈRE : Oui.

ALEKS : Maman, en fait, tu lui ressembles, à Grand-père Rafik ? Il aurait dansé avec nous à la fête, Grand-père Rafik ?

LA MÈRE : Tu n'as pas eu de grand-père, Aleksandar, il n'était que tristesse, un océan de tristesse. Il portait le deuil de son fleuve et de ses rives. Il se mettait à genoux, il grattait la terre de la rive à s'en briser les ongles, jusqu'au sang. Il caressait l'herbe, la reniflait et pleurait comme un tout petit enfant. Comme il aimait sa rivière, ton océan de tristesse ! Tu n'as pas eu de grand-père, c'était un pauvre fou. Qui buvait, buvait, buvait et ne pouvait aimer que ce qu'il voyait asservi.

GRAND-PÈRE RAFIK : Drina, ô fleuve abandonné, beauté humiliée ! Et la vieillesse, quelle cruelle folie !

LA MÈRE : Depuis que les trains ne traversaient plus la ville, qu'il n'avait plus d'aiguillages à manœuvrer, il était devenu ainsi. Il avait perdu son travail, s'était battu pour en retrouver un, et cette bataille, il l'avait perdue elle aussi. Il avait été mis à la retraite, et cette retraite, il la perdait aussi – en la buvant. Au début, en cachette, dans la vieille loco qui traînait, bonne à rien, rouillait, et plus tard, au bord de la Drina, soudain plein d'un amour stupide pour tout ce qui entourait le fleuve.

On nous a si souvent appelés parce qu'il était couché dans l'eau, sur le ventre, qu'il voulait s'agripper au fleuve, hurlant... Il y plongeait parfois des fleurs, mains gonflées, bleuies, poings à demi serrés, menaçants.

Tu n'as pas eu de grand-père, il était inconsolable, et un seul conseil l'aurait touché, celui du fleuve. Mais le fleuve ne parlait pas, et lui, il buvait, buvait, et buvait, mettant sa vie échec et mat.

Au soir de la nuit de sa mort, il a gravé des lettres dans la rive, long message à la Drina. Un col de bouteille brisé lui avait servi de stylet, il avait bu des litres et des litres de vin. Nous l'avons tiré par les pieds pour le sortir de la vase, il gémissait et criait, s'adressant au fleuve.

GRAND-PÈRE RAFIK : Comment, comment pourrais-je te sauver, sauver à moi tout seul tant de grandeur ?

LA MÈRE : Comment tant de tristesse peut-elle répandre une telle puanteur ?

GRAND-PÈRE RAFIK : Que les profondeurs vous emportent, qu'elles emportent vos barques, votre sale mazout ! Un fleuve : rien que l'eau, de la vie et de la force, rien d'autre !

LA MÈRE : Une fois rentrés, nous l'avons mis tout habillé dans la baignoire, où il a par deux fois vomi, fou de colère, maudissant tous les pêcheurs à la ligne.

GRAND-PÈRE RAFIK : Que vos armes se retournent contre vos propres bouches, vous qui déchirez les lèvres des poissons !

LA MÈRE : Vers minuit, j'ai lavé ses cheveux et sa nuque de tortue, je l'ai lavé derrière les oreilles et sous les bras. Il m'a baisé les mains...

GRAND-PÈRE RAFIK : Quelle trahison – l'amour, le destin – quel sac de merde...

LA MÈRE : Je suis ta fille ! lui ai-je crié, et il m'a fait trois promesses.

GRAND-PÈRE RAFIK : M'habiller comme il faut, plus d'alcool, vivre.

LA MÈRE : Il n'en a tenu qu'une seule. Sa casquette de garde-barrière, on l'a retrouvée près du pont, une bouteille de cognac à côté, dans la vase, et lui, plus bas, en descendant le fleuve, dans les roseaux, le visage dans l'eau, les pieds sur le rivage – sa Drina tant aimée lui avait donné le baiser de la mort, noces de ton océan de tristesse qui n'avait tenu qu'une de ses promesses – pour ces noces, il avait revêtu son uniforme orné de l'insigne des chemins de fer. Et à nouveau, c'est moi qui ai pris l'éponge, la plus dure que j'ai pu trouver, de nouveau, j'ai frotté, frotté le corps décharné pour la cérémonie funèbre, comme on frotte un tapis, j'ai enduit de savon les plis jaunes de son ventre et j'ai brossé ses maigres mollets. Mais ses doigts, je n'y ai pas touché. Il avait labouré de ses doigts la rive, et quelle fille aurais-je été pour gratter la terre tant aimée amassée sous ses ongles ?

GRAND-PÈRE RAFIK : Quand je serai crevé, je ne veux pas de cercueil !

LA MÈRE : Tu n'as pas eu de grand-père Rafik, Aleksandar, tu a eu un océan de tristesse ; un pauvre fou, qui disait grisgrisgris de toute chose et n'inventait les plus chatoyantes des couleurs que pour son fleuve.

La Mère sort. Grand-père Rafik montre dans sa direction.

ALEKS : Maman, grise, locomotive. *(Grand-Père Rafik regarde vers le public, là où est censée se trouver la Drina.)* Drina, verte, Drina. Verte, verte, mais un tel vert, on n'arrive pas à en peindre la couleur, même en un siècle. *(La lumière s'éteint. Une pause.)* Les morts sont plus solitaires que nous autres vivants. Ils ne peuvent même pas parler tous seuls. Quand je mourrai, je voudrais être dans une fosse commune. Dans une fosse commune, je n'aurai pas peur du noir.

Chaque mort est inutile. Et d'ailleurs, il y a tant de choses qui ne devraient pas s'achever — les dimanches, pour que ne viennent pas les lundis, les vacances, pour que l'école ne recommence pas, les dessins animés, pour qu'on ne montre pas les infos. Je suis contre la fin ! Je suis contre la destruction ! Il faut suspendre l'achèvement ! Je suis le camarade en chef de ce qui continue pour toujours, je soutiens tout ce qui va ainsi de suite ! Je serai le peintre des séries inachevées ! Aucun de mes tableaux ne sera jamais fini, il leur manquera toujours quelque chose d'essentiel !

3. À l'école

Sonnerie de récré. DRINNNNNG.

M. FAZLAGIĆ : Sortez vos cahiers. Rédaction.

EDIN : Alors là, lui et ses rédactions surprise…

ALEKS : L'année vient de commencer et c'est déjà la troisième !

M. FAZLAGIĆ : Votre sujet : « Un beau souvenir de vacances ». Un souvenir personnel, pas un événement.

EDIN : Comme c'est original.

M. FAZLAGIĆ : Edin, à partir de vingt fautes d'orthographe, j'arrête de lire. Vukoje, ce que je n'arrive pas à déchiffrer, ça fait des points en moins. Et toi, Aleksandar, je ne veux pas que tu me parles de ton arrière-grand-mère qui déracine les chênes.

Vous avez une heure ! *(Monsieur Fazlagić, perché sur une échelle, décroche du mur le portrait de Tito.)* À propos, avant que j'oublie : à partir de dorénavant, vous m'appellerez M. Fazlagić et non plus camarade professeur, compris ?

ALEKS : Monsieur Fazlagić et non plus camarade professeur, pourquoi décrochez-vous du mur le non plus camarade Tito ?

EDIN : Le non plus camarade Tito, il va être nettoyé ?

ALEKS : Tiens, au fait, le non plus camarade Tito, il est sale comment ?

EDIN : Nous, ses camarades pionniers, nous allons vite le frotter dans les toilettes pour qu'il retrouve sa propreté, notre ancien président !

ALEKS : Et la rédaction, c'est pour demain !

M. FAZLAGIĆ : Aleksandar ! Edin ! La situation est grave et votre ironie particulièrement déplacée !

EDIN : L'ironie, c'est quoi exactement ?

M. FAZLAGIĆ : Notre système politique fait l'objet de transformations radicales. La nouvelle terminologie et nos efforts pour nous débarrasser des vestiges du culte de la personnalité sont des aspects du processus de démocratisation qu'il convient de prendre au sérieux !

ALEKS : L'ironie, c'est une question qui n'apporte pas une réponse mais des ennuis.

GRAND-PÈRE SLAVKO : Pour montrer qu'il avait parfaitement compris le sérieux de la situation, du système, de la nouvelle terminologie et du culte de la personnalité, Aleksandar était allé à l'école le lendemain dans son uniforme bleu foncé de pionnier, bien trop petit, mais je trouvais qu'il avait belle allure.

ALEKS : Je m'étais même nettoyé les ongles ! *(Il se racle la gorge.)*

« C'est le premier mai,
Le vent caresse les rouges drapeaux,
Ils bruissent en répétant ton nom, Tito.
La maman oiseau pond un œuf dans la main du pionnier —
Il sort de sa coquille, aussi musclé que Rambo Iᵉʳ,
Plumage bleu-blanc-rouge, regard adriatique
C'est une colombe pour la paix,
Un aigle pour le combat
Un poulet pour le déjeuner.
Pour les enfants c'est un dinosaure,
Le dinosaure chante pour Tito et pour la classe ouvrière,
Pour eux il chante L'Internationale.
L'oiseau se nourrit du premier mai
Et parce que le premier mai, c'est l'avenir,
L'oiseau deviendra grand, plein d'avenir,

Comme notre Yougoslavie. »

Grand-père Slavko applaudit à tout rompre.

EDIN : Tito nous a protégés, nous, ses pionniers. Il trouvait que la jeunesse était progressiste et assurait la bonne humeur de la Yougoslavie.

ALEKS : Il a même choisi de célébrer son anniversaire le jour de la fête de la Jeunesse.

EDIN : Quand je serai aussi vieux que Tito, j'aurai comme lui une décapotable blanche dans laquelle on pourra se tenir debout à l'arrière.

ALEKS : Un instant, toi, tu es Edin, mon chauffeur, mon secrétaire fidèle à la ligne du parti, mon meilleur ami !

EDIN : Et ton agent secret ! Spécialiste des chants d'oiseaux et du ministère de la Femme ! Aleksandar, les filles, elles ne jurent que par 007 !

M. Fazlagić balance son trousseau de clés à travers son bureau. Silence. D'un seul coup, il se met à hurler :

M. FAZLAGIĆ : Silence, au fond ! Vous allez réussir à m'envoyer à Sokolac !

ALEKS : À Sokolac il y a un asile de fous. On y enferme des Adolf Hitler, des gens qui se prennent pour une chaise ou croient qu'Elvis Presley et

Tito sont toujours vivants. Et M. Fazlagić va finir par s'y retrouver lui aussi.

GRAND-PÈRE SLAVKO : Tito est mort pour la première fois le 4 mai 1980 à 15h05. Mais ce jour-là, c'est seulement son corps qui est mort, et tous les ans, le 4 mai, à 15h05, dans le monde entier, et dans l'espace, on observe une minute de silence en mémoire de Tito.

ALEKS : Sauf sur Jupiter où la vie n'existe pas.

EDIN : Après sa première mort, Tito s'est installé dans nos cœurs, avec une petite valise pleine de discours et de proclamations, et s'y est construit un pompeux édifice d'idées.

LA MÈRE : Les murs sont faits de projets économiques, les tuiles du toit sont des messages de paix, les fenêtres rouges donnent sur un jardin qu'ornent les promesses d'un avenir florissant…

GRAND-PÈRE SLAVKO : … avec une fontaine dans laquelle on peut puiser des crédits sans fin.

GRAND-MÈRE KATARINA : Mais, les années passant, les gens ont été de plus en plus nombreux à faire ce qui leur chantait et à s'intéresser de moins en moins aux idées de Tito…

GRAND-PÈRE SLAVKO : et si personne ne s'intéresse à une idée, c'est qu'elle est morte.

La Mère : C'est ainsi que Tito est mort pour la deuxième fois.

M. Fazlagić : La distance entre Jajce et Bihać est de 160 kilomètres. Une Yugo va de Jajce à Bihać en roulant à 80 kilomètres/heure. Au même moment, notre camarade Josip Broz Tito court à une vitesse constante de 10 kilomètres/heure de Bihać à Jacje. À quel kilomètre se croiseront-ils ?

Aleks : Il est tout à fait évident qu'une Yugo et un Tito ne peuvent pas se retrouver sur la même route, parce que quand notre président se promène, la route qu'il emprunte est interdite à la circulation !

M. Fazlagić : Aleksandar, dehors. Une heure de colle !

La Mère : Des réunions solennelles en l'honneur de Tito, des commémorations solennelles en l'honneur de Tito, des manifestations solennelles en l'honneur de Tito, des jours fériés, tout ça nous était resté. Rencontres obscures de vieux messieurs aux chemises fripées et de dames aux cheveux teints et permanentés dans des arrière-salles enfumées.

Edin : Et nous étaient restés des portraits de Tito.

Grand-mère Katarina : Tito sur un bateau.

EDIN : Tito avec une petite fille qui lui offre des fleurs.

GRAND-PÈRE SLAVKO : Tito donnant la main à ET. Ça, c'était un puzzle.

LA MÈRE : Et parce que maintenant on fait disparaître ces portraits des salles de classe, Tito meurt pour la troisième fois.

M. FAZLAGIĆ : Trois heures de colle !

LA MÈRE : Je suis la mère d'Aleksandar !

M. FAZLAGIĆ : Quatre heures.

ALEKS : Les écoliers restent à l'école comme les capitaines sur le navire en train de sombrer.

EDIN : Tu fais quoi ce soir ?

ALEKS : Tu veux dire à part rester en colle ? Je voulais aller pêcher.

EDIN : Mais faut d'abord que tu te débarrasses de Vukoje Ver-de-Terre.

ALEKS : Pourquoi ça ?

EDIN : *(en montrant Vukoje, qui attend)* Pas de souci – je vais me mettre à côté de toi, et il en aura deux à tabasser, il se fatiguera plus vite.

ALEKS : C'est toujours toi qui as les meilleures idées… Hé, Vukoje, comment vas-tu, mon pote ?

VUKOJE : *(ôte sa veste et flanque une bourrade à Aleks)* Tu préfères les coups de pied, les coups de poing ou les étranglages ?

ALEKS : Les étranglages. Parce que ça n'existe pas !

KIKO : Bien répondu. *(Il se campe devant Vukoje.)* Casse-toi, où je te réduis en purée !

EDIN : Damir Kićić! Qu'est-ce que tu fais dans la ville, je croyais que tu jouais à Sarajevo maintenant ?

KIKO : Tu peux m'appeler Kiko. Je suis revenu, comme ça, pour voir comment vont mes vieux. Drôle d'époque, incertaine…

EDIN : Kiko, c'est vrai, ce que les gens racontent ? Que tu es capable de faire rebondir le ballon sur ta tête aussi longtemps que tu veux ? Ils exagèrent, non ?

KIKO : On peut parier… cinquante mille que j'y arrive. *(Les garçons lui tapent dans la main.)* Bon, dimanche, à midi.

ALEKS : Le dimanche, à midi. La cour de récré est vide, sauf une petite fille qui fait ses premiers tours de bicyclette, elle fait attention, sa mère la tient solidement par la selle. Si j'étais magicien du possible et de l'impossible, l'hiver et l'automne seraient deux jours fériés et le reste de l'année aurait la qualité de l'été. L'été, c'est quand le ballon rebondit et qu'il fait si chaud que la chaleur devient un espace où le cuir claque sur le béton...

EDIN : Le v'là. Donne-moi les sous !

KIKO : Salut, les gars !

EDIN : Salut !

KIKO : Drôlement chaud, pas vrai !

ALEKS : L'été, c'est quand le goudron fond et que maman étale du yaourt sur mes coups de soleil.

KIKO : Vous avez le fric ?

EDIN : Pas la peine de vérifier. *(Il trie les billets.)*

KIKO : *(en déposant sa mise)* T'as qu'à compter toi-même.

EDIN : Je te fais confiance.

KIKO : Bon, alors on peut commencer.

EDIN : Un moment ! *(Edin commence à mesurer Kiko avec son double-décimètre, il part des pieds et remonte jusqu'à la tête.)* Un mètre quatre-vingts douze.

KIKO : Quatre centimètres en une semaine, pas mal. *Il grimace un sourire, lance le ballon.*

ALEKS : La chaleur, petite fille en train de crier sur sa bicyclette.

EDIN : Un, deux, trois, quatre… *(Et ainsi de suite.)*

ALEKS : Et l'été, bel été quand tout est possible mais que la chaleur te rend si paresseux que pour toi rien n'est possible…

EDIN : … six, sept…

ALEKS : Regarde, maman, je sais faire du vélo, crie la petite fille, je sais, j'y arrive !

EDIN : … dix, onze, douze, treize. *(Kiko renvoie le ballon très haut en l'air.)*

KIKO : Sinon ça porte la poisse !

Edin continue à compter. (Le cas échéant la canne pointée vers le public pendant la conversation avec le fleuve.)

ALEKS : Sur mon vélo, je roule au bord de la Drina, je n'ai qu'une idée en tête : pêcher. Mes deux cannes à pêche dépassent de mon sac à dos. Je ne suis encore jamais allé si loin tout seul. Un verger, j'y chaparde des pommes : étroite bande de terre entourée de grillages, entre les falaises et l'eau, dans les brumes du matin. Je m'apprête à remonter sur ma bicyclette quand soudain le soleil transperce le brouillard – sa lumière se brise en éclats acérés, ils lacèrent la surface de l'eau avant de s'enfoncer en scintillant dans les vague-lettes qui en rident la surface. Le scintillement est particulièrement intense dans une petite baie que surplombe le verger. Ici, la rivière prend son élan pour une étreinte. Je m'assieds dans le creux de son coude et je sors mon matériel.

GRAND-PÈRE SLAVKO : La Drina est une rivière intrépide.

ALEKS : Vous êtes belle, Drina, *(l'écho lui répond)* intrépide et belle !

LA DRINA : Et pourquoi donc intrépide ?

ALEKS : Parce qu'à l'automne, vos eaux troublées sont inaccessibles et impétueuses, que l'hiver venu vous ne gelez pas, qu'au printemps vous inondez tout et qu'à l'été vous avez noyé mon grand-père Rafik comme un chaton.

Une pause.

Un faucon prend son envol, fait des pirouettes en l'air.

Vous vous taisez ? Vous ne vous souvenez vraiment pas de mon grand-père Rafik

LA DRINA : Il ressemblait à quoi ?

ALEKS : Vous devriez le savoir mieux que moi ! C'est vous qui l'avez vu en dernier, moi, j'étais bien trop petit.

LA DRINA : Désolée. Tu veux nager ?

ALEKS : Merci, pas juste après avoir parlé de la mort. *(Une pause. Il lance sa ligne.)* Au fait, les hameçons, ils vous font mal ?

LA DRINA : Tu ne veux pas plutôt demander aux poissons ?

ALEKS : Tous ces poissons, ça fait comment ?

LA DRINA : Ça chatouille quand ils sautent.

ALEKS : Est-ce que ça chatouille aussi quand on jette dans votre lit une vieille machine à laver ?

LA DRINA : Les porcs !

ALEKS : Drina, comment se fait-il que vous ne parliez aucun dialecte ?

LA DRINA : Et toi, tu en parles un ?

ALEKS : Non, mais vous, votre cours vous mène à travers tout le pays, ça en fait, des choses vues !

LA DRINA : Des choses vues ! Mais je n'ai même pas de paupières ! Il me faut tout voir et je ne connais pas le sommeil. Quand je tombe amoureuse, je n'embrasse pas et quand je suis heureuse, je n'enfonce pas les touches de mon accordéon. Je voudrais me cramponner à la rive, mais je ne peux rien retenir, je suis un agrégat affreux ! J'ai subi des guerres innombrables, toutes plus horribles les unes que les autres. J'ai dû charrier tant de cadavres, tant de ponts ont sauté qui maintenant reposent à jamais sur mon lit. Ils sont si peu nombreux, ceux que j'ai pu sauver, je n'ai rien pu empêcher, ni même fermer les yeux devant tant de crimes. Oui, Aleksandar, en fait, des choses vues, tant de choses vues en vain !

ALEKS : Le bouchon frémit une, deux fois, je sens aussitôt le poids qui tend ma ligne, je laisse un peu de mou, je ferre à nouveau et c'est sûr, je le tiens. Un jeune huchon, je le rends à la Drina, elle le fait bondir en l'air.

Drina, pour ce soir, il m'en faut un plus gros. Je dois pêcher notre dîner et ensuite, Grand-père Slavko et moi, on va regarder à la télé si Carl Lewis reste en dessous des dix secondes. Quand Grand-père Slavko fait la cuisine, il faut que ce soit un poisson digne de ce nom. À votre avis, Carl Lewis, il va le gagner ce cent mètres ? Drina ? Drina ? Drina ?

4. La mort de grand-père

Le corps sans vie de Grand-père, Grand-mère se crampponne à ses jambes.

GRAND-MÈRE KATARINA : Toute seule, que vais-je devenir sans toi, je ne veux pas, toute seule, Slavko, mon Slavko, malheur à moi ! Seule, comment vivre désormais, seule !

ALEKS : Non, Grand-mère, arrête… Ça va s'arranger, tout va s'arranger, Grand-mère !

L'ONCLE MIKI : Comment on va faire pour la détacher de lui ?

GRAND-MÈRE KATARINA : Malheur à moi, Slavko, pourquoi, pourquoi, pourquoi ?

ALEKS : Il est d'usage qu'on éprouve de temps en temps de la tristesse quand on pense aux morts.

C'est comme ça chez nous quand se retrouvent ensemble le dimanche, la pluie, l'heure du café et Grand-mère Katarina.

LA MÈRE : Nous nous souvenons de tous nos morts et des bonnes actions qu'ils ont faites avant que la mort ne vienne s'en mêler.

ALEKS : Aujourd'hui, famille et amis se sont rassemblés autour de Grand-mère, car nous nous souvenons de grand-père Slavko ; pour l'instant, il est mort depuis deux jours, et le restera jusqu'à ce que je retrouve ma baguette et mon chapeau de magicien.

LA MÈRE : Grand, universel est aujourd'hui l'amour pour Slavko, il emplit tous ceux qui, vêtus de noir, jettent à la dérobée des regards vers le canapé sur lequel était assis Grand-père au moment où, à Tokyo, Carl Lewis a battu le record du monde.

ALEKS : Grand-père est mort en 9,86 secondes, son cœur a couru au coude à coude avec Carl Lewis — le cœur s'est arrêté et, pendant ce temps-là, Carl fonçait comme un malade.

ONCLE BORA : Le deuil féminin est assis autour de la table du séjour et se régale en dégustant des gâteaux.

LA MÈRE : Le deuil masculin a des odeurs d'après-rasage.

ALEKS : Grand-père va être enterré dans le village où il est né. Pourtant, on devrait avoir le droit, une fois mort, de rester à l'endroit où on a aimé vivre, où on a vécu longtemps. La seule pour qui cela n'a aucune importance, c'est Grand-mère, pourvu qu'il y ait aussi ses voisines, du café et des gâteaux.

LE PÈRE : Moi, dans mon atelier.

ALEKS : C'est-à-dire dans notre cave… sous ses toiles et ses tubes de couleurs.

ONCLE BORA : Moi dans la cuisine d'un grand restaurant.

TANTE TYPHON : Ou chez un glacier, pourvu qu'il y ait du sucré.

L'ARRIÈRE-GRAND-PÈRE ET L'ARRIÈRE GRAND-MÈRE : Nous, sous nos pruniers.

ALEKS : Eux deux, ils sont capables de vivre plus longtemps que le ciel. Ils doivent bien avoir cent cinquante ans, et c'est pourtant eux qui sont les moins morts, les plus vivants de toute la famille.

ONCLE BORA : Exception faite de ta Tante Typhon, mais elle ne compte pas, car elle n'entre pas dans la catégorie « famille » mais dans celle des « catastrophes naturelles », et elle a un réacteur dans le derrière.

TANTE TYPHON : Ton oncle, son poids correspond à peu près à l'âge de tes arrière-grands-parents.

ALEKS : Grand-père Slavko ne devrait pas du tout être enterré, mais continuer de vivre dans ses meilleures histoires.

5. L'enterrement

Tous debout, assemblés autour du cercueil ou de Grand-père Slavko. Musique triste, regards sérieux.

ALEKS : *(à mi voix)* Je suis en noir, comme tout le monde, mais porter du noir n'est sûrement pas la seule chose qu'on doit faire lors d'un enterrement, aussi j'imite tour à tour oncle Bora et mon père. Quand oncle Bora incline la tête, j'incline la tête. Quand papa échange quelques mots avec quelqu'un, je retiens ce qu'il dit pour le redire à quelqu'un d'autre.

TOUS : C'est le petit-fils…

ALEKS : … chuchotent les gens. Tante Typhon avait dépassé les croque-morts et il a fallu siffler pour la faire revenir en arrière. Elle demande si elle peut se rendre utile.

TANTE TYPHON : On s'traîne ça m'tue.

M. POPOVIĆ : Chers amis, chers camarades, chers enfants... nous sommes assemblés aujourd'hui en ce lieu pour dire adieu à un grand homme, que nous garderons toujours dans nos cœurs comme un être bon.
Slavko Krsmanović est né ici, à Veletovo ; ses parents, que vous voyez là-bas, Nikola et Mileva, étaient des paysans...

L'ARRIÈRE-GRAND-MÈRE : Ses parents, c'est nous, que viennent faire les paysans là-dedans ?

L'ARRIÈRE-GRAND-PÈRE : Les paysans sont de braves gens !

M. POPOVIĆ : Assurément. Les paysans nourrissent notre pays !

L'ARRIÈRE-GRAND-MÈRE : C'est exact.

L'ARRIÈRE-GRAND-PÈRE : Quel rapport avec mon Slavko ?

M. POPOVIĆ : Slavko, Slavko lui aussi a consacré toute sa vie, seconde après seconde, à nourrir le pays...

ALEKS : sauf le vendredi, ce jour-là, il allait toujours se promener avec moi.

GRAND-MÈRE KATARINA : Et le samedi, il faisait la

grasse matinée, ce jour-là, il ne nourrissait personne non plus.

L'Arrière-grand-mère : Le dimanche, personne ne travaille.

M. Popović : À l'âge de quatorze ans, Slavko a adhéré à notre syndicat.

Grand-mère Katarina : Oui, mais seulement à cause de moi !

M. Popović : Sans l'engagement dont il a fait preuve à cette époque-là, la bibliothèque municipale, dont les écoles et même la ville entière bénéficient aujourd'hui encore, n'aurait jamais été agrandie.

Murmure général d'approbation.

Aleks : Il y a bien longtemps, en une seule nuit, grand-père a nettoyé la plus grande écurie de Yougoslavie, dont le propriétaire lui avait promis la main de sa fille !

Grand-mère Katarina : Sa fille, c'est moi, parfaitement.

Oncle Miki : En ce temps-là, la Yougoslavie n'existait pas encore, nabot, c'étaient les écuries royales et cela se passait après la Première Guerre mondiale.

ALEKS : Encore mieux, comme ça, Grand-mère est une princesse !

ONCLE BORA : Il ne s'est pas contenté de nettoyer ces immenses écuries, mais au cours de la même nuit, il a aidé deux vaches à mettre bas

LE PÈRE : Il a gagné une énorme somme d'argent contre les meilleurs joueurs de rami de la ville.

TANTE TYPHON : Et dans la maison de son beau-père, il a réparé une ampoule électrique !

ALEKS : C'est à mon avis la tâche la plus difficile qui soit, si l'on songe que rien au monde ne peut être plus cassé qu'une ampoule électrique. Sans magie, rien de tout cela n'était possible !

GRAND-MÈRE KATARINA : J'aurais voulu que vous puissiez voir ses bras ! Jamais une couleur d'yeux ne s'est aussi bien accordée à des bras.

M. POPOVIĆ : Slavko s'était illustré dans la lutte contre les nazis et, depuis 1946, il a d'abord été deuxième président de la jeunesse ouvrière socialiste, puis premier secrétaire du comité local du parti et président d'honneur de la société de pêche et de gymnastique de Višegrad… Et aussi trésorier de…

ALEKS : *(pendant le début du discours)* Tous chantent les louanges de Grand-père. Ils répètent souvent la même chose, comme s'ils avaient copié les uns sur les autres. On croirait entendre des femmes quand elles parlent de gâteaux.

ONCLE MIKI : Vous vous rappelez quand papa nous parlait des résistants.

ALEKS : Tu veux parler du jour où ils se battaient contre des Mussolinis dans la forêt et que le garde-forestier est arrivé et les a tous fichus dehors ?

ONCLE MIKI : Mais non !

ALEKS : Ou de la fameuse bataille quand une armée atteinte du typhus saute dans le fleuve en suivant leur chef qui leur a crié : Suivez-moi, malades du typhus, l'eau nous mène à la liberté ! Et ils se noient tous ?

ONCLE MIKI : Voyons, c'est dans un film… Je veux dire le jour où par une chaleur extrême ils se sont attaqués à plus nombreux qu'eux pour prendre le contrôle d'un point d'eau. Rien mangé rien bu – depuis des jours et des jours. Le ciel – une lave bleue. Ça t'allume les cheveux sur le crâne. Un village infesté de nazis, une ferme à la sortie, pas un chat. Dans la grange, des jambons, des jambons à perte de vue. Jambon salé, jambon fumé. Ils les ont engloutis sur place. Ils léchaient le sel. En oubliant l'eau. Bien trop de sel, bien trop de soleil, pas une goutte d'eau. Pendant ce temps-là, au village, les Allemands font bronzette autour de la fontaine. Sont cinq fois plus nombreux. Ordre et tactique. Chaque coup fait mouche. C'est comme ça quand on a soif. Et alors :

TOUS : La fontaine, à sec.

ONCLE MIKI : La fontaine, à sec.

M. POPOVIĆ : Même retraité, notre Slavko ne s'est pas reposé sur des lauriers bien mérités, mais en ces temps difficiles, il a contribué à réformer notre pays, à faire baisser l'inflation, à stimuler la production et à atteindre les objectifs du Plan dans plusieurs entreprises collectivisées de la région.

LA MÈRE : Pas difficile quand on passe des heures au bord du fleuve à bavarder avec la Drina tout en trempant sa ligne avec son petit-fils et en imaginant des histoires.

GRAND-MÈRE KATARINA : C'est ça qui est formidable chez nous : jamais nous ne sommes à court d'histoires. Et où voit-on une chose pareille, un petit-fils qui sait plus d'histoires que son grand-père ? Aleksandar ?

LA MÈRE : Aleksandar ?

Perdu dans ses pensées, Aleks est planté là, il regarde le corps de Grand-père. Il met son chapeau de magicien et dirige sa baguette vers son grand-père. Tonnerre.

71

ALEKS : La mort de Grand-père a l'odeur d'un orage d'été. Carl Lewis a usé tout mon pouvoir magique pour son record du monde, il n'est plus rien resté pour Grand-père.

LA MÈRE : Mais l'amour de Grand-père, il nous est resté ! Tu as eu un grand-père qui t'aimait, Aleksandar, il ne sera plus jamais là. Mais son amour pour nous est infini, il ne disparaîtra jamais – désormais, tu as un grand-père infini.

ALEKS : Nous nous étions faits une promesse, maman, nous nous étions promis de ne jamais cesser de raconter des histoires. (*Pause ou changement de décor.*) Si j'étais magicien du possible et de l'impossible, il y aurait des maisons qui font de la musique. Notre cuisine jouerait The Doors parce que Jim Morrison transforme le regard soucieux de ma mère en un regard langoureux. Quand mon père disparaît dans son atelier, on entendrait des chansons françaises. Johann Sebastian quand oncle Miki et mon père regardent ensemble la politique à la télé, que mon père crie « Non, on ne se dispute pas, c'est seulement qu'on discute fort ! » Quand papa emmène maman dîner au restaurant, les Pink Floyd. Monsieur Floyd rend adulte et agace de façon tellement agréable. Les trois dernières minutes du boléro de Ravel plein tube sur le passage de Tante Typhon. Dans le jardin de Grand-mère Katarina, les tournesols joueraient les chansons que Grand-mère chantait quand elle était petite. Elle fredonnerait avec eux en pensant à Grand-père. Ma maison chanterait avec la voix de Grand-père et promettrait une fois par jour quelque chose qui durerait.

6. Le Morse, le retour :

Un bus en train de klaxonner. On voit Edin et Aleks qui regardent le Morse (ou le bus d'un air curieux). Faire comprendre que c'est la suite de l'histoire du Morse.

LE MORSE : Qui veut acheter un bus ?

Une femme apparaît à la portière du bus, derrière le Morse qui arbore un large sourire.

ALEKS : Cheveux rouges et barrettes noires, châle rouge à rayures noires, souliers rouges, boucles noires, pointure fillette, le corsage au décolleté généreux et la minijupe : rouge et noir eux aussi. Une coccinelle.

EDIN : *(avec un sifflement admiratif)* Tu ne veux pas plutôt la vendre, elle, Čika Morse ?

LE MORSE : Elle, c'est ma Milica !

ALEKS : Le chauffeur, il est où ?

LE MORSE : Il ramasse des champignons sur le mont Romanija. Aleksandar, promis, tu ne mettras jamais ton fusil sous le nez d'un chauffeur de bus, en tirant au fusil sur sa cassette audio, promis ! Et mon fils, vaurien, il est où ?

ALEKS : Il ramasse des cheveux chez Maître Stankovski.

LE MORSE : Bon, fini tout ça, je nous ai ramené une nouvelle vie.

EDIN : T'étais où pendant ce temps-là ?

LE MORSE : J'ai voyagé – j'ai roulé ma bosse à travers le pays. Si tout le monde s'était entraîné à être en route comme je l'ai fait, ce serait pas mal. Ils vont tous avoir bientôt à faire de longs voyages. Je reste, advienne que pourra. Ici, ma Milica, mon Zoran et moi, on va être heureux. Osijek, vous connaissez ?

EDIN : Bien sûr, à la télé. Osijek est en flammes.

ALEKS : Et on voit des choses qu'on ne comprend pas, on n'arrête pas de les voir, sous des couvertures, sous des draps, par terre, dans les rues.

LE MORSE : L'enfer. Quand on arrivait de l'ouest, on pouvait encore entrer dans la ville, mais quel enfer ! Détruits, les réverbères, les maisons en

75

flammes. Tous ceux qui croient que c'est très loin d'ici, ils se trompent.

ALEKS : Elle, pourquoi tu l'as ramenée ?

MILICA : Je n'ai pas été ramenée ! Je suis venue ici parce que je l'ai voulu. Des hommes qui ont de la suite dans les idées, de si grandes mains, un mal de tête si courageux, un fusil, et qui en ont dans la culotte, ça m'impressionne. T'as déjà le droit de parler comme ça ?

ALEKS : Impressionner ? Bien sûr, je suis yougoslave.

EDIN : Et la guerre ?

LE MORSE : La guerre, nous l'avions à nos trousses, mais notre bus a été plus rapide.

ALEKS : Elle va arriver ici, non ?

LE MORSE : Ne sois pas trop courageux, ne sois pas trop lâche, Aleks, et il ne t'arrivera rien.

ALEKS : C'est quand je perds la tête que je retiens tout le plus facilement.

MILICA : Comme il cause ! Comme il est drôle quand il ouvre et ferme la bouche ! T'as quel âge, mon trésor ?

ALEKS : Il se dit ceci, il se dit cela, entre huit et quatorze ans, selon le besoin.

Le Morse : Vous allez vous en tirer ! Višegrad, le Morse est de retour, mais la guerre est à mes trousses ! Zoran, ton père est là ! Zoran ! La guerre est un chien sorti de l'enfer, mais nous formons une famille, et personne ne peut s'en prendre à nous.

La lumière s'éteint. Éclairage vacillant de néons, bruits d'hélicoptère etc.

7. Dans la cave

*Le décor : une table, qui n'a plus rien d'accueillant, on
sent le provisoire. Atmosphère pesante. Voix étouffées,
chuchotements, hurlements, paroles scandées en chœur.*

ALEKS : Les mères venaient tout juste de nous
appeler pour le dîner, en chuchotant, et déjà des
soldats prennent l'immeuble d'assaut, ils demandent ce qu'il y a à manger, s'asseyent avec nous
autour des tables en agglo installées dans la cave.
Ils ont apporté leurs cuillers, leurs gants ont des
doigts sans bouts. Les soldats entrent sans crier gare,
ils nous demandent nos noms, tirent dans le pla-
fond. Avant l'arrivée des soldats, ces derniers
temps, tout était comme d'habitude. À partir de
9 heures, je n'avais plus le droit de sortir de la cave
parce qu'à neuf heures et demie précises, comme
tous les matins depuis neuf jours, et aujourd'hui
encore, la canonnade commençait, l'attaque.

Bombes qui éclatent.

ČIKA SEAD : Artillerie lourde. VRB128.

ČIKA HASAN : Allons donc, T84.

ALEKS : Čika Sead et Čika Hasan passent leur temps à se chamailler, à faire des paris, on les voit rarement l'un sans l'autre, mais ils ne sont jamais du même avis. Les soldats vont les attraper l'un et l'autre, les pousser dans la cave et les enchaîner.

ČIKA HASAN : L'artillerie lourde nous tire dessus depuis le mont Panos.

ČIKA SEAD : Pas du tout, ils sont dans le bas du mont Lijeska.

ALEKS : Les mères avaient salé les pois et les avaient mélangés dans la casserole. Elles nous serinaient ce que nous devions savoir.

LES MÈRES : Défense d'aller à la fenêtre ! Pas de lumière le soir ! Boire seulement de l'eau bouillie ! À partir de huit heures et demie, la cave ! Ne pas chercher à battre le record de Čika Aziz au C-64 ! Ne pas ramasser d'objets inconnus ! Le mieux, c'est de ne rien ramasser du tout ! Ne pas quitter la cave et n'aller dehors sous aucun prétexte !

ALEKS : C'est Edin qui imite le mieux le bruit que font les VRB128 ou les T84 au moment de l'impact. Et aussi l'aboiement des mitrailleuses.

79

Chaque équipe veut l'avoir quand nous jouons à la guerre dans la cave. La troupe dont Edin fait partie est presque toujours celle qui gagne.

ZORAN : Trois à trois, les bombes ne sont pas permises, non Marija, tu ne joues pas. On a le droit de chatouiller les prisonniers, munitions illimitées. Armistice quand on remonte l'escalier.

Jeu — plutôt : seulement jeu ?

ALEKS : *(chuchote)* Cet après-midi, on a joué à la bataille. Zoran était le chef, bien entendu. Edin dans l'autre camp. Proie facile pour l'ennemi.

Zoran guette, fait signe à Aleksandar de s'approcher. Edin accroupi, il dessine des seins. Zoran pose l'index sur ses lèvres et avance à croupetons.

ZORAN : Hourrah !

ALEKS : Hourrah !

Edin immobile, il le vise de sa mitraillette, hurle.

ALEKS : T'es mort ! J'tai eu ! tactactac !

Pugilat, jusqu'à ce qu'Edin saigne du nez.

EDIN : Attends… ça saigne… Avec ton genou… tu m'as… Un nez, ça contient combien de litres de sang ?

ALEKS : À peu près quatre bouteilles d'un litre.

ZORAN : Ah les gars, qu'est-ce que je serai content quand on pourra de nouveau sortir, taper dans un ballon... *(Il s'esquive en douce.)*

LA MÈRE : Qu'est-ce qui s'est passé ? Mets la tête en arrière !

EDIN ET ALEKS : Le genou...

LA MÈRE : Le genou...

Elle attrape Edin par l'oreille.

ALEKS : Elle avait attrapé Edin par l'oreille comme si c'était elle qui l'avait fait saigner du nez et pas mon genou, mais sur le seuil, elle s'est retournée, on aurait dit qu'elle avait oublié quelque chose – c'était le cas, mon oreille, elle l'avait oubliée...

La Mère les empoigne tous les deux par l'oreille.

EDIN et ALEKS : *(voix mêlées)* Pas exprès...

LA MÈRE : Attends un peu !

La Mère nettoie le nez d'Edin avec de l'eau.

ZORAN : *(revient)* Aleks, dehors, y a des soldats, ils ont tiré dans le ventre des hommes, qui sont tombés en avant. Comme quand tu prends un ballon de volley en pleine poire – pareil. Je viens de voir tout ça de la fenêtre du haut !

ALEKS : Qu'est-ce que tu délires ? Des soldats ? Quels soldats ?

ZORAN : Aucune idée, y en a plein les rues. Écoute, ça tire, tout près.

ALEKS : J'entends le silence, rien d'autre.

ZORAN : Mais le silence grince des dents !

EDIN : *(les rejoint, il replie son mouchoir tout taché de sang)* Pas mal, hein ?

ALEKS : Le sang, ça repousse.

LA MÈRE : À table ! On dîne !

EDIN et ALEKS : Les petits pois étaient déjà en train de mijoter sur... *(Soupirs maternels.)* Heureusement que nous avons encore du courant !

Silence. Repas. Une salve. Radio. Silence. Coups isolés. Silence.

SPEAKER À LA RADIO : Višegrad... nos troupes... abandonné leurs positions... se rassemblent à nouveau... tombée à la suite de rudes combats...

EDIN : Comment une ville peut-elle tomber, il faut un tremblement de terre, non ?

Klaxons, une fête dans la rue, des gars qui bondissent — récit sur un ton joyeux, plein d'entrain.

EDIN : Un mariage !

Ils se précipitent vers les étages...

ALEKS : Des mariés barbus en tenue de camouflage ?

EDIN : Des jeeps ?

ALEKS : Des jambes de soldats, vertes, marrons, qui pendouillent comme des breloques... ils fêtent la ville, leur fiancée.

EDIN : Pour ce qui est de courir, les plus rapides, c'est nous ! *(Des garçons courant en tous sens, mouvement irrésistible – enfin dehors ! Ils courent, racontent précipitamment ce qui se passe...)* Escalier, un coup d'œil dehors, vers la cour – les premiers chars couinent en remontant la rue.

ALEKS : Les chenillettes déchirent l'asphalte de rainures blanches, du béton elles font du gravier.

EDIN : Qui donc huile tout ça, pourquoi ça grince tellement ?

ALEKS : Pour ce qui est de courir, les plus rapides, c'est nous !

Les mères les poursuivent.

EDIN : *(à un soldat)* Qui les conduit, le volant, il ressemble à quoi, on peut monter ?

ALEKS : Ils passent avec fracas au long des jardins, des fermes, dans lesquelles des gens sont en train de charger des valises sur le toit des voitures, ils font leurs malles saisis de panique, tout gémit et cliquette sous ces poings d'acier. Le pont lui-même ploie sous les roues dentées.

EDIN : Voyons le bruit que ça va faire quand le pont va s'écrouler.

ALEKS : Les mères nous ont rattrapés, la mienne m'a flanqué une gifle bien appliquée. Elle savait que les chars, je les aurais suivis jusqu'à l'autre rive. Le pont a tenu.

Les mères les rattrapent, les ramènent… (Alternative : la gifle en direct.)
Changement de décor. Asija dans l'escalier.

ALEKS : Asija ne nous avait pas suivis. Assise sur la dernière marche, elle se frottait les yeux. Je me frottais ma joue endolorie. *(S'adressant à Asija.)* Canon du tank. Camouflage. Plus vite qu'Edin. *(Asija se lève, elle remonte l'escalier à toute allure, elle pleure.)* Asija ?! Asija, il y a deux jours, elle avait déjà pleuré. Elle s'était endormie en pleurant, sa main dans la mienne. Son oncle Ibrahim avait été touché au moment où il avait voulu se raser dans la salle de bains de Čika Hasan.

ČIKA HASAN : Ibrahim, il a cherché à reprendre son souffle pendant de longues minutes, il luttait pour avoir de l'air comme s'il voulait en avoir assez pour nous raconter tout ce qui nous attend.

Mais de l'air pour Ibrahim, je n'en avais pas, et il a gravi les marches qui le menaient à sa mort sans avoir commencé son récit. La barbe d'Ibrahim est restée pleine des souvenirs de la pire des nuits !

EDIN : Du sang partout, partout la couleur des cerises, le sang dégoulinant des doigts qui avaient plongé dans le cou d'Ibrahim pour lui donner de l'air.

ALEKS : J'aurais tout de suite couru derrière Asija si le verre n'avait pas volé en éclats dans l'escalier et si la moindre bribe de silence ne s'était pas dissipée sous les coups de feu, les cris et les jurons.

ČIKA HASAN : Asija pleure parce que les poings des soldats sentent l'acier.

ALEKS : Asija pleure parce que les soldats ont des armes qui pendouillent à leur cou.

ČIKA HASAN : Asija pleure parce que des portes cèdent sous les bottes des soldats.

ALEKS : Asija pleure et se cache dans le grenier. Je sais que c'est là que je vais la retrouver, ma petite Asija.

Il veut se précipiter derrière Asija.
La lumière vacille.

8. Cave II

Les mères appellent pour le dîner. Soupe aux pois et pain.
Silence. Obscurité. La radio. Salves d'artillerie. Silence.
Lumière incertaine. Un soldat attablé.

VOIX À LA RADIO : Višegrad… après des combats
sans merci…

SOLDAT I : Oui, oui, bon, bon, hmmm…

VOIX À LA RADIO : Tombée… mais…

SOLDAT I : Hmmm…

VOIX À LA RADIO : nos troupes reprennent posi-
tion…

SOLDAT I : Bon, hmmm, intéressant – mais… d'une
certaine manière… irresponsable. Ou bien vous
voulez vous faire à nouveau casser la gueule ?
(*Flanque de vigoureux coups de pieds dans la petite*

boîte noire. Aux femmes :) De quoi bricoler, je le rachète à celui qui arrivera à le réparer. Bon, maintenant, un peu plus de lard dans les pois. Là, j'ai encore faim ! Sans lard, la vie serait une misère. Toi, derrière, tu vas me couper du lard ! *(Une femme lui pose quelques lamelles de viande sur la main.)*

SOLDAT I : Ta robe, c'est toi qui l'as cousue ? Dis oui et je baise tes doigts habiles. Il vaut peut-être mieux que tu ne dises pas non.

ALEKS : Amela fait le meilleur pain du monde.

Un dernier coup de feu, son écho. Des voix dans la cage d'escalier. Des ordres lancés par des soldats en arrière-plan du récit d'Aleks, qui se met à courir.

EDIN : Le bruissement des voix de tout en haut jusqu'à la cave, c'est comme quand on écoute la mer dans un coquillage.

SOLDATS : Descendez ! Dehors ! Non ! Haut les mains ! Vos papiers !

Aleks parle comme s'il courait, pressé, hors d'haleine, il compte les marches, énumère des noms, des objets. Tous vont et viennent, agitation, paroles qui se mêlent, fracas de bris, de meubles renversés, destruction. Aleks se faufile, parvient à passer...

ALEKS : Il manque la voix d'Asija. Je dois trouver Asija. Je dépasse le soldat qui emmène Čika Sead et même dans la cage d'escalier, c'est moi le plus rapide.

SOLDAT : Descends ! Dehors ! Non ! Tes papiers ! Non ! Haut les mains ! Quoi ? Tes papiers ! Ton nom ? Tu t'appelles comment ?

LA MÈRE : Les soldats montent les marches trois par trois, quatre par quatre. Ils entrent dans les salles à manger. Ils fouillent les chambres à coucher blanches. Ils étalent la langue qu'ils parlent sur les portes, des croix et des oiseaux à deux têtes.

SOLDAT : Dehors, dehors, tout le monde dehors !

LA MÈRE : Les ordres des soldats, encore et toujours ! Qui cherchent-ils ? Ils crient un nom. Ces soldats, je ne les connais pas, mais le nom, je le connais très bien...

SOLDAT I : Aziiiiz ! Maudit fils de pute !

ALEKS : Assez ! *(Monte en comptant à voix haute les marches, plus il monte, plus on entend le son d'un piano, il atteint son maximum chez M. Popović.)* Muharem, deuxième étage, Husein et Fadil, troisième – les soldats leur coincent la tête contre la balustrade. Ils leur appuient sur la nuque les crosses de leurs fusils ou leur flanquent des coups de botte. La casquette de Fadil est par terre. Je file et m'éloigne, je compte. On ne coince pas la tête de M. le professeur de musique Popović. Il porte un costume, un nœud papillon, et serre bien fort la main de sa petite-fille Marija.

Dans l'appartement, quelqu'un joue du piano. Bach – moment de paix irréelle au cœur du chaos. (Ou bien M. Popović est assis devant son piano, comme plus tard quand Aleks lui rend visite.)

M. POPOVIĆ : Messieurs, vous désirez ? Ici, vous ne trouverez que d'honnêtes gens.

SOLDAT I : On désire que tu fermes ta gueule ! Si tu la boucles, tout ira bien.

La musique cesse brusquement.

ALEKS : Je veux rejoindre Asija, je veux la rejoindre au plus vite, Asija doit avoir peur, elle va encore pleurer, je fonce dans le grenier, Asija sursaute, elle est assise genoux serrés, elle les serre davantage et s'écrase contre le mur.

Grenier – le calme avant la tempête. Menace, angoisse, chuchotements.

ASIJA : Ah, c'est toi ! Vite, ferme la porte. Dis, ils vont nous trouver ? Quand les soldats te trouvent, si tu n'as pas le nom qu'il faut, ils t'emmènent dans leur camion bâché de vert. Comme maman et papa. C'est peut-être justement ce qu'il me faut d'avoir le mauvais nom, tu m'entends ? Peut-être que les soldats vont m'emmener retrouver ma maman et mon papa si je leur dis mon nom, tu m'entends ?

Des pas qui se rapprochent. Bruits de bottes.

ALEKS : Je t'entends, et j'entends des pas qui se rapprochent. J'entends des bottes et je sais que j'ai le nom qu'il faut.

SOLDAT II : Eh là, qui donc se cache ici ?

ALEKS : Et même si le soldat sourit dans sa barbe blonde, même s'il ne pue pas l'alcool et la sueur comme les autres...

SOLDAT II : Dehors, vous deux !

ALEKS : ... même s'il veut seulement que nous allions dans l'escalier, je lui hurle à la figure : Je m'appelle Aleksandar et elle, c'est ma sœur Katarina, c'est Katarina, ma sœur Katarina, rien de plus !

SOLDAT II : Tiens donc, Katarina ! *(Il s'accroupit devant Asija, lui souffle son haleine au visage.)* Et pourquoi la petite Katarina se cache-t-elle parmi les toiles d'araignées dans le grenier obscur ?

ASIJA : ...

SOLDAT II : Une souris lui a mangé sa langue... ? Debout !

Asija ne bronche pas.

Aleks : *(chuchotant)* Debout, s'il te plaît, debout !

Soldat II : Vous restez là !

ALEKS : Nous restons là, immobiles. Asija se frotte la joue, à l'endroit où le soldat lui a soufflé son haleine au visage.

LA MÈRE : *(appelle)* Aleksandar ?! Aleksandar, descends immédiatement !

Ils font mine de bouger, le Soldat leur barre le passage.

SOLDAT II : Vous êtes sourds ou quoi ? Personne ne bouge, c'est clair ?

LA MÈRE : Aleksandar ?!

ALEKS : Tout va bien, maman, Katarina est avec moi ! *(Silence.)* Le nom de ma grand-mère ne peut pas être un mauvais nom. Maman ne pose pas de question. Maintenant, ce ne sont plus les mères, ce sont les soldats qui nous disent ce que nous devons savoir.

Ils s'asseyent tous les deux à côté de Čika Hasan, qui est entravé.

ČIKA HASAN : N'aie pas peur, Aleks, ils vont bientôt repartir vers l'ouest, vers l'intérieur du pays. Théoriquement...

ALEKS : Čika Sead n'est plus là pour dire le contraire.

Coups de feu. Silence. Noir.

ASIJA : Toutes les deux minutes, dans la cage d'escalier, la lumière s'éteint. Pour de longues secondes, l'obscurité recouvre l'attente.

Lumière. Le même soldat doit alors se précipiter pour appuyer sur l'interrupteur, il le fait en maugréant de plus en plus.

ALEKS : À chaque fois, l'obscurité est une petite invisibilité, une petite guérison, mais dès que le soldat cogne sur l'interrupteur, tout est de nouveau là, rien n'est bon. L'attente est sans fin. Un soldat ôte ses bottes et examine ses orteils.

Noir.

ASIJA : Ne m'oublie pas.

Lumière.

ALEKS : Asija enroule ses cheveux sur ses doigts, les larmes ont creusé des rigoles de crasse sur ses joues. Nous avons soif, on nous permet d'entrer dans un appartement. Il n'y a plus un seul secret ici. Sur le tapis, couteaux, fourchettes, assiettes et tasses, des aromates et une grande chaussure solitaire, quelqu'un y a versé du lait. *(Noir.)* Je lave le visage d'Asija. Asija lave mon visage. *(Lumière.)* Les coupures de courant dérangent le soldat. Il pousse un canapé dans le couloir, s'assied juste sous l'interrupteur pour ne plus avoir besoin de se lever à tout bout de champ.

Asija : La prochaine fois, on sera plus rapides.

Noir.

Aleks : Tant que nous ne nous perdons pas, nous ne pouvons pas nous oublier. Je prends la main d'Asija, nous appuyons ensemble sur l'interrupteur. *(Lumière. Asija a disparu. Aleks la cherche du regard.)* Asija ?

Changement d'éclairage.

La Mère : Tout au long d'un sommeil agité, les soldats ont été parmi nous ; ils ont dormi dans nos draps, et nous dans la cage d'escalier. Repartis, les soldats, pendant que nous faisions le pain.

Soldat II : Nous allons poster des sentinelles, personne dehors après 8 heures, ne faites pas de la rue votre tombe, il y a mieux. Debout, debout, marche, en route !

La Mère : Le soldat qui a de l'or dans la bouche ne veut pas se remettre en route tout de suite, il veut du pain chaud. Il enserre de ses mains la taille d'Amela, il enferme les mains d'Amela dans ses poings, et mélange ainsi la pâte dans le pétrin. Amela aux longues tresses, maintenant, des mèches lui recouvrent le visage. De la farine sur ses joues rouges et aussi son front plissé par l'inquiétude, le soldat pose son oreille sur le cou d'Amela et nous conseille, de sous les tresses d'Amela :

SOLDAT II : Fermez la porte en sortant, tout le monde dehors, immédiatement !

LA MÈRE : Nous refermons la porte, nous nous adossons contre le mur, nous nous passons la cigarette de main en main, nous crachons sur notre index et étalons la salive sur le mégot, nous essuyons les larmes sur nos joues.

LES FEMMES : *(murmurant)* Amela, Amela, Amela.

ALEKS : Si j'étais magicien du possible et de l'impossible...

EDIN : Un vainqueur sort de l'appartement de Čika Sead, il va dans le couloir, il baisse la tête en franchissant la porte, aucun casque au monde ne couvrirait cette tête, la plus grosse tête au monde.

SOLDAT : *(traîne derrière lui un gramophone, hurle)* Vous allez voir, les gars, ça va être l'heure des vrais connaisseurs... Les gars, tout de suite !

Il tourne les boutons dans tous les sens, secoue le bras du gramophone...

ALEKS : Si j'étais magicien du possible et de l'impossible...

Un accordéon. Musique :
Les soldats chantent, chants
plaintifs, allégresse, ils sifflent
(ils chantent peu à peu tous en
chœur, dansent).

« Niška Banja, topla voda,
za Nišlije živa zgoda
Sve od Niša pa do Banje,
idu cure na kupanje,
Mi Nišlije meraklije ne
možemo bez rakije,
Bez rakije šlivovice i bez
mlade cigančice. »

LA MÈRE/LE SOLDAT :
(traduisant) Les filles
vont prendre un bain
chaud, nous, les ama-
teurs, nous buvons de la
slivovitz, sans slivovitz,
nous, les hommes, nous
ne pouvons pas.

En parallèle :

ČIKA HASAN : C'est
le chant que tout le
monde connaît — rien
ne peut te retenir,
on voudrait s'embrasser
tous, tout de suite ! Se
prendre par les bras,
tout le monde au pas,
on se tient bien serrés !

Personne ne bouge mais les
soldats tiennent leurs fusils
au-dessus de leurs têtes et
poussent des hurlements de
joie en accompagnant les
aboiements de leurs chiens.

Ils se prennent par la taille, deux pas sur la droite, deux pas sur la gauche, jubilation frénétique.

LA MÈRE : *(plus fort que tous les autres)* Et il chante aussi, le soldat qui a serré dans ses mains celles d'Amela et les a plongées dans la pâte. Il sort de chez Amela, chemise défaite, le chant sur les lèvres. De la pâte dorée sur ses mains, à ses poignets. Il ouvre sa gourde et la porte à ses lèvres abîmées.

SOLDAT I : *(braille)* Sans une jeune bohémienne, nous les amateurs, nous ne pouvons pas, « i bez mlade cigan čice… ! »

LA MÈRE : Derrière lui, Amela à genoux, un voile de cheveux humides lui cache le visage.

SOLDAT II : Pas vrai, les gars ? Sans schnaps et sans bohémiennes, nous, les amateurs, nous ne pouvons pas !

ALEKS : Si j'étais magicien du possible et de l'impossible, les objets pourraient résister : les balustrades, les gramophones, les fusils, les cheveux tressés.

Silence. Changement d'éclairage. Coupure.

9. Balade à travers la ville avec Edin

Décor : les garçons, pêche à la ligne, ils crachent dans l'eau.

ALEKS : S'il y avait un dieu dans la Drina, les silures seraient des poissons-popes, non ?

EDIN : Ou des poissons-mollahs.

ALEKS : Au fait, pourquoi les poissons mangent-ils la salive ?

Une pause.

EDIN : C'est peut-être la dernière fois qu'on passe sur le pont.

ALEKS : Il va tenir. Il en a déjà supporté, des chars d'assaut.

EDIN : Après-demain au plus tard, plus de pont, on parie ?

ALEKS : Si les mères remarquent qu'on est dehors, on n'aura sûrement plus le droit de sortir et on ne verra pas les flots emporter le pont.

Deux soldats entrent en scène. Il tombe une grosse averse.

SOLDAT II : Ça mord ?

EDIN : Rien que des petits. Trop de bruit pour les poissons ces jours-ci. Ils plongent plus profond.

SOLDAT II : Tiens donc. Ils se cachent. Voyons s'ils sont bien cachés.

ALEKS : La grenade s'enfonce aussitôt dans l'eau. Il pleut à verse, il tombe des cordes, des trombes d'eau se déversent dans la rivière, et maintenant aussi sur les écailles et les ventres de poissons qui descendent le courant.

SOLDAT I : Eh bien, qu'est-ce qui vous arrive, ramassez-les donc... *(Rires...)*

ALEKS : Sur l'autre rive, un bâtard marron clair sort des buissons.

SOLDAT II : *(le vise)* Hé, les gars, on parie ?

ALEKS ET EDIN : Non !

ALEKS : La première salve le manque.

SOLDAT I : 10 000 que je vais l'avoir...

EDIN : Deuxième salve.

Silence.

ALEKS : Sous les auvents des soldats,

EDIN : derrière des sacs de sable des soldats,

ALEKS : dans les troquets des soldats, hôteliers et hôtes en même temps.

EDIN : Devant le plus grand magasin de la ville, nous demandons :

ALEKS ET EDIN : On peut entrer ?

SOLDAT : Attention aux éclats de verre.

ALEKS : Edin et moi et les soldats, nous achetons sans argent.

EDIN : Des cahiers, des crayons, un nouveau ballon de foot.

Silence. Plus tard, près de l'école. À partir de ce moment-là, Edin tient toujours le ballon de foot.

ALEKS : L'école n'a plus une fenêtre intacte, mais elle est encore debout.

EDIN : Une école comme ça, impossible de la mettre par terre.

ALEKS : Dans la salle des profs, des tables empilées comme des tours, des entrelacs de pieds de chaise et des dizaines de milliers de cartouches vides parmi des centaines de milliers d'éclats de verre.

EDIN : On regarde combien on a eu à l'oral de russe ?

ALEKS : Laisse tomber.

EDIN : Dis voir, Aleks, pourquoi ils ont descendu le chien ?

ALEKS : Faudrait penser à rentrer.

Une pause.

EDIN : Peut-être que les mères n'ont encore rien remarqué ?

ALEKS : Nous revenons de l'école, ce n'est jamais une mauvaise chose.

EDIN : Faut juste se débarrasser des poissons, nos cannes à pêche, on va les cacher dans la cour.

RADOVAN : Les poissons, pourquoi vous les jetez ?

EDIN : Pour le chat, pour des prunes.

RADOVAN : Ah, tout est pour des prunes, toute la guerre pour des prunes, c'est quelle guerre au fait, 1942, 1992 ?

ALEKS : Salut, Ćika Radovan. Vous venez d'où ? Vous revenez de chez vous ?

RADOVAN : Ma maison n'est plus chez moi, pour être chez soi, il faut des gens. Je suis allé de porte en porte, toutes les serrures forcées, et dans les

101

chambres, personne ne dormait, dans les chambres, ils étaient morts, allongés dans leurs lits sur des oreillers rouges… *(Pendant le récit de Radovan, Edin entraîne Aleks et essaye de l'éloigner. Aleks voudrait écouter, mais il n'entend pas tout.)* Tous des Serbes, à part un foyer, on était tous des Serbes. C'était la maison du brave Mehmed, j'ai frappé à sa porte, il a ouvert et m'a dit : Radovan, mon ami. Il m'a montré ses mains et m'a serré dans ses bras comme un frère. La nuit la plus terrible, les chiens, ils les ont arrosés d'essence et ils ont allumé leurs laisses. Ils ont effacé tout mon village de la carte, mais parole d'honneur, il me reste une vie !

10. Départ de la maison. Fuite

Dans la cage d'escalier. Grand-mère à la fenêtre, La Mère fait les valises. Elle voit Aleks.

ALEKS : Les appartements sont presque tous ouverts, les voisins rangent en silence, il y a des éclats de verre partout.

LA MÈRE : *(l'aperçoit – se précipite vers lui)* Aleksandar ! D'où sors-tu ?! Écoute-moi bien, mon chéri : prépare tes affaires, nous partons pour quelques jours. Dépêche-toi. Quelques jours loin d'ici.

La Mère continue, Grand-mère Katarina, debout devant la fenêtre grande ouverte.

ALEKS : Grand-mère ?

GRAND-MÈRE KATARINA : Quatre soldats barbus veulent précipiter un cheval dans la rivière du haut du pont. Ils le poussent, ils se donnent du mal. Le cheval reste planté là. Il ne franchira pas la rambarde de son plein gré. Un des barbus pointe son pistolet sur la tache blanche qui orne le front du cheval.

SOLDAT I : Je vais l'abattre, ce bestiau, c'est pas compliqué !

SOLDAT II : Les chevaux, c'est seulement quand ils n'en peuvent plus qu'on les abat.

GRAND-MÈRE KATARINA : Ils font descendre le cheval du pont et le mènent plus avant dans l'eau profonde.

SOLDAT II : Il n'a qu'à nager.

GRAND-MÈRE KATARINA : Si mon Slavko avait vu ça, sont cœur ne se serait pas arrêté, il se serait brisé en mille morceaux.

Une pause. Un coup de feu. Le cheval fait un écart.

EDIN : *(à la fenêtre)* Mais c'est Chou.

GRAND-MÈRE KATARINA : Quel vilain nom pour un si bel animal.

ALEKS : Le bel animal se cabre, le bel animal se penche, le bel animal essaye de frapper le soldat de ses sabots avant, le bel animal se dégage de ses liens, le bel animal fonce, traverse le fleuve et file

104

vers l'autre rive où trois soldats barbus sont plantés, cigarette coincée au bec. Ils mettent en joue.

Salves, Edin et Aleks s'éloignent à toute allure de la fenêtre, horrifiés.

EDIN : Aleks prépare son sac à dos en silence, l'air grave. Je l'aide. Dans la cage d'escalier, nous croisons son père, il monte les marches quatre à quatre, nous fait un signe de tête comme on salue une connaissance.

Ils répondent à son salut.

ALEKS : Asija ? (*Une pause.*) Asija ?…

EDIN : Il appelle Asija à tous les étages et personne ne lui répond. Il flanque ses affaires à l'arrière de la Yugo. Elle ressemble à toutes les autres voitures qui ont ces derniers jours abandonné Višegrad, remplies à en éclater. (*Il fait une passe à Aleks avec son ballon de foot.*) Tu veux l'emporter ? (*La mère fait non de la tête. Aleks fait une passe à Edin.*) Au fond, on peut dire que la ville tout entière a volé en éclats, et maintenant, toi aussi, tu fiches le camp. (*Il s'éloigne.*) Alors, on ne va plus jamais traverser le pont ensemble. Je te parie que nous n'aurons plus d'inondation cette année, *(il crie)* ce n'est pas possible, *(il hurle),* ce n'est pas permis, pas une inondation en plus de tout le reste. *(Il* *éclate en sanglot.)* Comment ça va finir : une ville sans ses ponts et sans ses habitants ?

Edin reste seul. Il dessine à la craie des cages de foot sur le mur. Tire contre le mur.

ALEKS : Il récupère le ballon comme au volley, il récupère le ballon qui tournoie, chaque tir marque, jusqu'au moment où la pluie aura effacé la craie.

Tous sortent de scène sauf La Mère, Le Père, Aleks. Ils sont assis devant une table, ne disent pas un mot. Aleks écrit. Photo de famille triste.

11. Les lettres

Aleks 26 avril 1992

Chère Asija,

Si mon grand-père Slavko était encore en vie, je lui deman-
derais ce qui devrait nous causer la plus grande honte en
ce moment. Je t'écris, je ne t'ai pas retrouvée, j'ai eu honte
de la terre qui a supporté les blindés que nous avons croisés
sur la route de Belgrade. Mon père klaxonnait pour chaque
jeep, pour chaque tank et pour chaque camion. Si tu ne
klaxonnes pas, ils t'obligent à stopper. Ils nous ont arrêtés
à la frontière avec la Serbie.

SOLDAT : Des armes ?

LE PÈRE : Oui, de l'essence et des allumettes.

Ils rient.

... et on nous a laissé continuer.

ALEKS : Papa, pourquoi on va comme ça se jeter dans les bras de l'ennemi ?

LE PÈRE : Aleksandar, pendant les dix prochaines années, tu ne poseras plus de question, compris ?

ALEKS : Mmouais…

LE PÈRE : Promets !

ALEKS : C'est promis, ça va !

Je voulais promettre de cesser aussi de me souvenir pour les dix prochaines années, mais maman était contre l'oubli.

LA MÈRE : Il faut se souvenir de l'un et de l'autre, du temps où tout était bien et du temps où rien n'est bien.

Et aussi du temps qui gémit sous les chenillettes des chars, qui sent la fumée et qui abat les chevaux ? Voilà ce que j'aurais voulu demander, mais j'ai commencé par respecter ma promesse et je n'ai plus posé de question.

Chère Asija, nous avons réussi à nous échapper et nous sommes tous en bonne santé, mais à Belgrade, nous avons des problèmes avec nos nouveaux voisins, parce que nous sommes tout à côté d'eux et qu'ils n'aiment pas nous savoir si proches. Si on leur avait donné une guerre à eux aussi, ils auraient tout de suite tiré sur nous. La religion, ce n'est pas l'opium du peuple, mais sa perdition, en tous cas c'est ce que dit papa. Dans la rue, un garçon m'a traité de bâtard.

Il a dit que ma mère avait empoisonné mon sang serbe. Je ne savais pas si je devais en être fier ou lui casser la figure – et finalement, je n'ai pas été fier et c'est moi qui me suis fait casser la figure. Nous n'allons pas rester longtemps à Belgrade.

On a vu Višegrad à la télé. Ici, les agresseurs sont ceux qui pour notre télé étaient les défenseurs. Papa ne veut pas commenter. Maman veut crier. Je me demande ce qu'oncle Miki peut vouloir, on ne sait toujours pas où il est.

Asija, je t'envoie un dessin. C'est toi, sur le dessin. Il n'existe malheureusement pas de couleur qui soit aussi belle que celle de tes cheveux, c'est pour ça que tu ne te reconnais peut-être pas. C'est ma dernière image de l'Inachevé. Elle est inachevée parce que tu es seule dessus. Avant, l'Inachevé, j'aimais.

Amitiés. Aleksandar.

9 janvier 1993.

Chère Asija,

nous avons quitté Belgrade et habitons depuis deux semaines chez mon oncle Bora et ma tante Typhon, à Essen, tout près d'une autoroute. La Saint Sylvestre a été une vraie catastrophe. On m'a offert un jean. Mon oncle Bora avait acheté des feux d'artifice et des pétards et nous avons mis notre musique un peu plus fort que d'habitude. Maman a dit : je peux préparer n'importe quoi à manger, ça n'a aucun goût. Papa avait dit : je peux boire n'importe quoi, ça n'a aucun effet.

Dès demain, je vais dans une école allemande et pour me préparer, j'ai appris par cœur les dix premières pages du dictionnaire. Ici, à l'école, on met les notes à l'envers, et dans notre quartier, il n'y a pratiquement que des Turcs. Dans les magasins, on voit partout des consoles Nintendo, on peut jouer avec. Je n'ai pas encore réussi à me faire enfermer pour la nuit dans un magasin de ce genre, mais j'ai mon plan.

Dans notre immeuble, il y a cinq ou six autres familles originaires de Bosnie comme nous. Ici, tout est très petit, les toilettes sont toujours occupées et avec la télécommande de mon oncle je peux éteindre la télé de Čika Zahid, ça le rend fou, il croit qu'il s'agit de fantômes de nazis.

Depuis notre arrivée, nous avons obtenu notre permis de séjour. Pour y arriver, nous avons dû aller rencontrer madame Foß. Elle était dans son bureau, entourée de cartes postales où on voyait une souris nommée Diddl en train de sourire. Madame Foß ne souriait pas, l'oncle Bora lui a offert des chocolats, mais elle était peut-être justement au régime, en tout cas il n'y a pas eu moyen de lui en faire manger. Nous n'avons pas pu dire grand chose, mais ce n'était pas nécessaire, madame Foß savait quoi faire de nous. Elle a mis des tampons sur nos passeports, parce que nous lui convenions. En sortant, j'ai dit à madame Foß : abaca, abaisser, abajoue, abandon, abaque, merci ! Je n'étais pas allé aussi loin dans le dictionnaire, mais je connaissais tout de même le mot « Merci ».

Asija, on dort tous ensemble dans cette petite pièce et on est tous un peu plus en colère qu'à la maison, même quand on rêve la nuit. Parfois, je me réveille et je dessine des ombres chinoises sur le mur, des oiseaux, devant la fenêtre, un réverbère nous regarde d'un air sévère comme s'il nous surveillait, et l'oncle Bora a promis d'abattre bientôt cette saloperie qui nous éblouit. Acheter des rideaux, ce n'est pas une priorité !

Asja, où que tu sois : n'aie pas peur ! J'aimerais tant avoir davantage de souvenirs de toi, j'aimerais me souvenir de toi sur tout le trajet d'Essen à Višegrad et retour. Et au retour, tu viendrais avec moi.

Avec toute mon amitié, Aleksandar.

17 juillet 1993

Chère Asija,

Ma mère travaille dans une laverie. Il fait si chaud dans ce hangar infernal que son cerveau se met à bouillir. Papa travaille dans la même entreprise qu'oncle Bora. Ils sont sans arrêt sur des chantiers à droite ou à gauche. Ils travaillent au noir. Au noir, ça veut dire : le boulot te brise les reins et, en même temps, il te met hors la loi, alors que tu ne voles rien du tout.

C'est tante Typhon qui s'en tire le mieux. Elle est devenue copine avec les caissières du supermarché, elle leur apporte tous les jours une tasse de café. En échange, elle a le droit de chiper des trucs qui coûtent moins de cinq marks.

Quand mes parents parlent de tout ce que nous n'avons pas, la santé, l'argent ou notre maison de Višegrad, je dois quitter la pièce. Les choses que je n'ai pas le droit d'entendre sont toujours les plus horribles. Ici, on nous traite de Yougos et on appelle aussi comme ça les Albanais et les Bulgares, c'est sûrement plus simple pour tout le monde.

À l'école, nous avons eu comme sujet de rédaction : « Essen, je t'aime » et j'ai décrit la façon dont on prépare le börek chez nous – parce que je n'aime absolument rien de la ville d'Essen. Pour que tu comprennes, il faut que je te dise que « Essen » signifie « manger ». Ça n'a vraiment pas été facile, parce que je ne savais pas le mot pour « viande hachée », essaye donc de décrire ce qu'est la viande hachée. Les autres élèves bosniaques ont copié la recette et l'ont emportée chez eux, parce qu'ils voulaient enfin manger de nouveau du börek.

Asija, la Drina et ses humeurs fantasques me manque. Ici, il paraît qu'il y a aussi une rivière, la Ruhr, mais je trouve que ce n'est pas parce qu'il y a un cours d'eau quelque part qu'on doit tout de suite parler de rivière. À Višegrad, au bord de la Drina, il y a près de ses images inachevées un Aleksandar inachevé. Je ne suis plus le camarade en chef de l'Inachevé, c'est l'Inachevé qui est devenu mon camarade en chef. Tu te souviens de moi ?
Aleksandar.

8 janvier 1994.

Chère Asija,
Nous avons un nouvel appart, rien que pour nous. Dans l'ancien, la police était venue trois fois, ils ont dit qu'ils ne reviendraient pas une fois de plus… Ici, la police est habillée

de vert et elle a d'autres différences avec la nôtre ; elle pose la main sur la crosse de son pistolet et refuse de boire un schnaps.

Dans le nouvel appartement, nous avons beaucoup plus de place et nous sommes enfin débarrassés de la crasse, du raffut, des bruits de l'autoroute et du sentiment que jamais de la vie on ne pourra être plus loin de ce qui s'appelle « chez soi ».

Asija, où es-tu chez toi ? Nous avons téléphoné à grand-mère Katarina, elle dit que tu es à Sarajevo. À la télé, Sarajevo est en flammes – est-ce qu'il y a au moins encore des adresses à Sarajevo ?

Mon club préféré, c'est Schalke, j'ai une carte de pêche et mon meilleur copain, Philipp, m'a prêté quelques jeux pour l'ordinateur ; j'écoute Nirvana et je rêve en allemand.

Je me laisse pousser les cheveux.

Amitiés, Aleksandar.

1er mai 1999

Chère Asija,

Excuse-moi d'être resté si longtemps sans t'écrire. As-tu seulement reçu une de mes lettres ? Et existes-tu vraiment ? Je continue à écrire, ces derniers temps, de toute façon, je suis souvent très seul, mais ça m'est égal.

Ça fait un an que mes parents vivent aux États-Unis, en Floride. Pour toujours, du moins dans un premier temps. Mon père a cueilli une noix de coco et a peint son premier tableau depuis sept ans. Il l'a appelé « Autoportrait à la noix de coco ».

Ma mère est secrétaire chez un avocat, d'après elle, ce n'est pas difficile, elle dit que là-bas, les lois sont beaucoup moins compliquées que chez nous.

Si mes parents n'étaient pas partis là-bas, on les aurait renvoyés en Bosnie. On appelle ça « retour volontaire ». Je trouve que quelque chose qui est imposé ne peut pas en même temps être volontaire, et un retour n'est pas un retour si on doit aller dans une ville dans laquelle il n'y a pratiquement plus aucun de ceux qu'on y a connus autrefois.

J'ai pu rester ici grâce à l'école, et mes parents ont trouvé eux aussi que c'était une bonne idée que je passe mon bac en Allemagne.

Tu sais, Asija, je ne me suis pas donné de peine. Pendant tout ce temps-là, je ne me suis pas donné la peine d'essayer de comprendre ou seulement de demander ce que mes parents voulaient ou comment j'aurais pu les aider – nous aider pour que notre vie ici soit plus facile. J'avais honte de devoir les accompagner à leurs entretiens d'embauche, j'avais honte de devoir traduire la question qui leur était posée : Quel est votre niveau d'allemand ?

Asija, j'ai cherché ton prénom sur internet, et en le cherchant, je me suis rendu compte que je ne suis pas du tout sûr de ton nom de famille, alors que je l'ai toujours écrit sur les enveloppes sans me poser de question. J'ai lu des pages et des pages avec les noms de personnes disparues. J'y ai trouvé deux fois Asija, ça ne veut rien dire. En tout cas, j'ai trouvé ce que ton nom signifie.

Mon père prétend que les noix de coco tuent davantage de gens par an que les requins. Coconuts are murderers, dit-il.

Je décide que tout ça, je l'ai rêvé.

Aleksandar

11 février 2002.

Chère Asija,

T'ai-je inventée ? Ai-je guidé nos mains vers l'interrupteur rien que pour raconter l'émouvante histoire de deux enfants dans la guerre ? Asija, la protégée, Aleksandar, celui qui protège.

Je me souviens du matin de la ronde que dansaient les soldats. Edin et moi, on voulait faire une chose parfaitement normale, sentir quelque chose d'aussi normal que le poids du poisson au bout de la ligne. Mais tu n'es pas dans cette histoire. Ni angoissée dans la cage d'escalier, ni en train de jeter des cailloux dans la rivière, je ne vois pas tes beaux cheveux. Tu n'es pas venue, nous ne nous sommes jamais dit adieu, Asija.

Plus de lettres. Je me soûle la gueule et je téléphone en Bosnie. Pardonne le pathos.

Sur l'écran de mon ordinateur, l'heure s'affiche : « 23 h 23, lundi 11 février 2002 ». Notre interrupteur, c'était quel jour ?

Plus de lettres, Asija, as-tu jamais existé pour de bon ?

12. Souvenir et enquête

Aleks est seul. Ivre, devant son ordinateur. Des person-nages arrivent sans y avoir été invités et surgissent de l'obscurité dans une ambiance glaciale, comme des person-nages de cauchemar, comme des flashes. Ils confrontent Aleks avec le passé et avec la vérité. Rythme accéléré.

ALEKS : Je remonte de dix ans en arrière ? L'inter-rupteur, c'était quel jour, quel jour était le 6 avril 1992 ?

Retour brutal sur le jour où la guerre a commencé. Éclats de lumière. Flash. Papa surgit.

LE PÈRE : Debout, Aleksandar, habille-toi, on va chez Grand-mère, je te dirai quoi emporter.

ALEKS : Je fais une liste d'objets qui sont dans la cave de ma grand-mère, et dont je me souviens : des planches à repasser hors d'usage, des poupées sans tête, des sacs remplis de chemises qui sentent la vieille courge, du charbon, des pommes de terre, des mites et l'odeur du pipi de chat.

EDIN : Au milieu des détonations, des ampoules électriques qui vacillent.

LA MÈRE : Chair de poule, chair de poule.

LE PÈRE : Casques de soldats.

EDIN : Écris tout ça.

ALEKS : *(à son père)* Mais c'est l'heure de l'école.

LE PÈRE : Aujourd'hui, il n'y a pas école. Sept slips, sept paires de chaussettes, ton K-Way, ta casquette, des chaussures de marche. Deux pantalons. Un gros pull, deux ou trois chemises et des T-shirts, pas trop…

Pendant qu'il poursuit son énumération :

ALEKS : Maman est assise au salon, elle coud des billets de banque dans sa jupe.

LA MÈRE : Si nous sommes séparés…

ALEKS : Quoi… ?

LE PÈRE : Aleksandar, concentre-toi !

ALEKS : Des listes de choses pour lesquelles je n'ai jamais été puni : les boules de neige lancées sur les pare-brises. Les présidents du comité local du parti auxquels je téléphonais pour leur dire en changeant ma voix : Ici Tito, vous êtes débiles. Les taille-crayons et les cahiers que j'ai piqués dans le magasin. Le vase de Grand-mère que j'ai cassé…

LE PÈRE : … la veste de pêche verte, celle qui a plein de poches. Une serviette de toilette, du dentifrice, ta brosse à dents, du savon. J'ai mis des mouchoirs et ton passeport sur la table. T'as un livre que tu aimes tout particulièrement ?

ALEKS : Oui.

LE PÈRE : C'est bien.

LA MÈRE : 7 h 34, lundi 6 avril 1992. Il y a sur la table un couteau de poche et un carnet avec les adresses de toute la famille et de nos amis. Qu'est-ce que tu attends ?

LE PÈRE : Qu'est-ce que tu attends ?

ALEKS : On a besoin de quoi ?

LA MÈRE : L'immeuble de Grand-mère a une grande cave.

ALEKS : Papa dans notre petite cave. Les toiles, les tableaux, les couleurs, les pinceaux – il fourre tout dans un coin, recouvre toute la pile de couvertures et tout en haut, il dépose son béret basque. *(Bruit assourdissant d'une explosion. Flash. On retrouve tous* *ceux qui étaient déjà dans la cave.)* Sec et net. Pas comme au cinéma, pas une explosion impressionnante, pas d'ébranlement, pas d'éboulis. *(Une pause.)* « Mardi, 12 février 2002, 0 h 21 ». J'établis la liste des voisins de Grand-mère qui comme nous se sont réfugiés dans la cave. Je cherche leurs noms dans l'aujourd'hui, je cherche mon chemin à travers les indications données par des moteurs de recherche.

Un flash. Kiko surgit.

KIKO : foot en pleine guerre assiégés entraînement fusillade

ČIKA SEAD : Višegrad génocide handke honte culpabilité

ČIKA HASAN : victimes innocentes bombardement Belgrade Sarajevo

GRAND-PÈRE SLAVKO : Milošević échec international intérêts pas de pétrole

ALEKS : Je déroule des forums bosniaques et serbes : insultes, rodomontades nostalgiques, je clique, je clique. Blagues sur le dos des Monténégrins, recettes de cuisine, héros et ennemis, récits de témoins oculaires, rapports du front, noms latins des poissons de la Drina ; nouvelle musique bosniaque ; puis je clique sur le premier lien qui m'amène à :

GRAND-PÈRE SLAVKO : la haye but contre son camp union européenne srebrenica.

ALEKS : je lis que le criminel de guerre Radovan Karadžić serait caché à Belgrade, et à ce moment-là, mon ordi plante. *(Pause.)* Je le relance. Mon visage se reflète sur l'écran noir. « Jeudi 9 avril 1992, 16 h 14 » le camion s'avance. Ils sont quatre à en descendre. Ils lorgnent par les fenêtres ce qui se passe au rez-de-chaussée, traversent notre cour. La serrure cède. Deux dans la salle à manger. Deux qui ouvrent la porte de la cave. Ils arrachent les couvertures. Ils lacèrent les natures mortes. Ils traversent les toiles à coups de botte. Ils se donnent du mal, ils brisent les pinceaux un par un. Ils se peinturlurent mutuellement le visage avec les couleurs acryliques. L'un d'eux se coiffe du béret basque. *(Aleks, tout seul, ivre, il téléphone.)* « Mardi 12 février 2002, 0 h 21 » *(Il compose un numéro sur le cadran du téléphone…)* Grand-mère ? La maison verte, elle est encore debout ? Est-ce que le gymnase sert toujours ? Quels matchs, on en est où dans le classement ? Zoran, tu le vois à l'occasion ?

GRAND-MÈRE : Aleksandar… ?

ALEKS : Grand-mère, c'est important. J'ai lu dans le journal ce qui s'est passé dans la maison de la rue Pionirska. Elle a complètement brûlé ? Est-ce que Čika Sead et Čika Hasan sont encore en vie ?

Est-ce que les soldats ont fini par trouver Čika Aziz ? Et les ponts, ça donne quoi ? Est-ce qu'il y a eu une autre inondation depuis que nous sommes partis ?

GRAND-MÈRE : Autrefois, tu comptais toujours tes pas. Tu arpentais la ville entière pendant tes promenades.

ALEKS : 2349 pas de chez toi à chez nous.

Un flash. Grand-mère émerge de l'obscurité.

GRAND-MÈRE : Tes jambes ont grandi, viens et parcours-les à nouveau, tous ces chemins.

ALEKS : Je vais réserver mon billet d'avion cette nuit même.

GRAND-MÈRE : Tu devrais attendre que les pruniers fleurissent et venir en bus. Ne te prépares pas à des vacances, Aleksandar.

ALEKS : Grand-mère ?

GRAND-MÈRE : Je me réjouis, Aleksandar, je vais te préparer de la viande hachée et te faire chauffer ton lait, je me réjouis, vraiment.

La lumière vacille, voix, bruits, coups de feu, paranoïa, flash.

13. Dans la cave

Edin surgit, il fait semblant d'avoir un fusil comme quand les enfants jouaient dans la cave. Des fuyards se précipitent derrière lui, le Morse, Milica, le Père, la Mère, ils sont tous là.

EDIN : 10 h 09, samedi 11 avril 1992. Pendant la nuit, les réfugiés ont afflué dans la cave et dans la cage d'escalier. Des vieux, des mères, des bébés.

LA MÈRE : Ils cherchent refuge ici, dans cette grande maison. Dans leurs villages, il n'y a plus de bâtiments qui puissent les abriter.

LE MORSE : Et ils restent ! Plus on est de fous, plus on rit !

EDIN : Le Morse est devenu en quelque sorte le maire de l'immeuble.

ALEKS : Je ne les appelle pas réfugiés, je les appelle protégés. Ils ont protégé une petite fille aux cheveux si clairs que j'ai dû demander à mon père s'il existe un nom de couleur pour tant de clarté.

LE PÈRE : Beauté.

ALEKS : Beauté, c'est pas un nom de couleur.

LE PÈRE : Tu ne crois pas que tu ferais mieux de t'occuper de l'histoire de l'oncle Ibrahim ?

ALEKS : Beauté et son oncle Ibrahim à la moustache retroussée mangent avec nous dans la cave. Ibrahim attend que Beauté, la tête sur ses genoux, s'endorme puis il raconte à mi-voix leur fuite.

IBRAHIM : Nous sommes les derniers survivants de notre village, les derniers de notre néant. Nos maisons n'existent plus. Je vous en dirai plus, mais je veux d'abord me raser, ma barbe est chargée des souvenirs de la plus horrible des nuits. La petite, elle a tout perdu, tout, et chacun.

ALEKS : Il n'a pas besoin d'en dire plus. Je ne quitte pas Beauté d'une seconde, je ne permettrai pas qu'il lui arrive de nouveau malheur.

LA MÈRE : C'est bien.

ALEKS : Beauté sait rester si tranquillement assise qu'elle en devient invisible. Quand Beauté n'est pas près de moi, je la cherche.

Le Morse : T'es courageux comment, Aleksandar ?

Aleks : Je m'appelle Aleksandar. Je dessine des images inachevées, regarde, Youri Gagarine sans Neil Armstrong, un chien sans collier. Il manque toujours quelque chose de laid. Les garçons qui ont de grandes oreilles, tu les trouves sympa ?

Asija : Je suis Asija. Les soldats ont aligné tous les gens de mon village, mon oncle et moi, nous sommes les seuls à avoir pu nous cacher. Ils ont emmené aussi maman et papa. Je suis Asija. Mon nom veut dire quelque chose. Tes images sont nulles.

Aleks : Ici, je…

Asija : Toi qui ne voulais plus te souvenir précisément…

Aleks : Asija ?

Asija : … Le pire, c'est quoi ? Quand la balle entre dans ton cou et ressort par la nuque ou quand elle t'atteint et ne ressort pas ?

Retour au décor précédent, Aleks seul dans son appartement allemand, ivre.

14. Répondeurs téléphoniques

ALEKS : *(il a beaucoup bu)* Zéro – zéro – trois – huit – sept – trois – trois… *(Il continue en alignant les chiffres au hasard.)* Allô ? Sarajevo ? Asijaaaa ? *(Ça sonne occupé.)* Jamais une Asija, la plupart du temps, il n'y a même pas de réponse. Plusieurs fois des voix endormies, puis courroucées. Des répondeurs téléphoniques.

Bonsoir. Je m'appelle Aleksandar Krsmanović Je vous appelle parce que je cherche des nouvelles d'une amie d'enfance qui a fui Višegrad pendant la guerre pour se réfugier à Sarajevo. Elle s'appelle Asija. Merci de me rappeler au 00 49 173 69 17 639 si vous connaissez quelqu'un qui s'appelle comme ça – ce n'est pas un nom courant. Merci.

Allô ? J'ai fait votre numéro au hasard, parce que je suis trop déçu par les numéros choisis exprès. Je m'appelle Aleksandar, je vous appelle d'Allemagne. Y aurait-il parmi vos connaissances une femme du nom d'Asija ? Elle doit avoir aujourd'hui une vingtaine d'années et des cheveux clairs, blonds, des cheveux merveilleux. Mes paroles peuvent vous paraître sentimentales, embrumées d'alcool et c'est d'ailleurs le cas. Mon numéro, si par extraordinaire vous pouvez m'aider : 00 49 173 69 17 639. Je vous répondrai.

Allô, Asija, c'est Aleksandar à l'appareil. Tu n'es pas là. Je ne suis pas là. Mais j'arrive lundi. Je serais ravi que nous puissions nous voir. Tu peux me joindre au 00 49 173 69 17 639.

Bonsoir. Asija... ? Je t'en prie, décroche... Tu sais, tu me manques. Et si tu décrochais, je te dirais ce qui me manque précisément. En dix années, il y a plein de choses qui s'accumulent. Tu te coiffes comment ? Aimes-tu la viande hachée ? 00 49 173 69 17 639. Je te répondrai.

Asija. J'imagine que tu es violoniste. Je serai là-bas à partir de lundi, s'il te plaît, appelle-moi : zéro-zéro-quatre-neuf-un-sept-trois-six-neuf-un-sept-six-trois-neuf.

(Complètement bourré, s'adresse au téléphone) Bonsoir, Bosnie, je n'ai rien d'exceptionnel, je viens trop tard

pour l'exceptionnel, rappelle-moi donc 00 49 173 69 17 639.

Allô ? Allôoo ? Y a quelqu'un ? N'importe qui ? Asija ? J'ai établi des listes. Je rentre à la maison. Je vais chercher tes cheveux et dans tous les visages, le tien. Je voudrais… j'aimerais… Asija ? Asija ?

tut tut tut tut… (Signal occupé.)

15. Sarajevo

ALEKS : J'atterris au petit matin à Sarajevo, il pleut. Avec ma valise remplie de listes, je loue une petite chambre au bord du fleuve. Je me promène dans la vieille ville, les mains croisées dans le dos, comme perdu dans mes pensées, de la sorte, je suis d'ici : des touristes pensifs, cela n'existe pas.

Je veux savoir de quoi on parle dans cette ville, mais je n'ose pas demander. Tout ce qui n'a pas un air de ruine mais d'abondance me réjouit. On ne peut pas choisir l'insouciance. Je regarde la ville, et je le sais : il me manque tout ce qui me permettrait d'être vraiment d'ici. D'ailleurs, ce n'est pas de moi qu'il devrait être question.

Partout, je demande des nouvelles d'Asija, je cherche ses cheveux clairs. Dans les tramways, dans les cafés, je me surprends même à examiner des enfants qui jouent à cache-cache, absorbés par leur jeu. Je glisse son nom dans toutes les conversations, on me laisse regarder des listes de noms, des statistiques de réfugiés, des listes de victimes, au service du permis de conduire, on me dit que je viens bien tard.

Je vais jusqu'au terminus des lignes de tramway, jusqu'aux cités en bordure de ville. Pendant le trajet, je lis l'annuaire téléphonique. L'après-midi, j'en suis à la lettre « H ». J'ai trouvé jusque-là quatre Asija, je téléphone, par trois fois je m'excuse de déranger, une fois, personne ne répond, ce qui laisse place à un espoir.

Je ne veux pas danser, je veux voir comment on danse ici. Je passe une nuit blanche, dans les bars, dans les rues, à un moment je crie si fort le nom d'Asija que des lumières s'allument. Je ne veux pas dormir tant que personne ne m'aura reconnu. Personne ne me reconnaît. (*Changement d'éclairage. Changement de décor. Wise Guys. Musique. Deux hommes jouent aux cartes.*) Dans un café qui prend des paris, vue sur la vieille ville, au matin, je veux boire un café. Des hommes en vestes de cuir se penchent d'un air concentré sur des tableaux. Tout le monde fume. La place est libre ?

MESUD : Ça dépend…

ALEKS : Je suis Aleksandar. Je suis fatigué.

KEMO : Quand on est fatigué, il ne faut pas parier.

MESUD : Nous sommes les Wise Guys.

ALEKS : Mesud, moustache et survêtement, et Kemo, qui a du diabète mais refuse d'y croire. La Bosnie va gagner, ce soir ?

KEMO : Si nous étions encore un seul pays, nous serions invincibles. Maintenant, on doit se réjouir pour cinq équipes nationales, mais il faut faire attention à ne pas se réjouir à tort et à travers, selon les gens avec qui on est.

MESUD : Ça fait six mois que mon cousin envoie des lettres pleines de merde à l'adresse du parquet.

ALEKS : Il doit dépenser un fric fou en frais de port ?

MESUD : Peut-être qu'il les dépose lui-même.

ALEKS : Vaut mieux agir que se contenter de s'énerver, non ?

MESUD : Quoi, pourquoi ? Il est le calme en personne. Mais chier tous les jours, c'est pas toujours évident.

ALEKS : Il est question de quoi, en fait ?

MESUD : Je crois que ce dont il est question ne va plus du tout.

KEMO : À propos, d'où tu viens ?

ALEKS : De… Višegrad.

MESUD : Bon. Bonne ville. La Drina est une bonne rivière – mais elle n'a jamais eu de bons footballeurs. À part un peut-être, Kemo, tu te souviens de… il s'appelait comment, voyons ? Il est passé tout droit des juniors aux professionnels. Il faisait une tête après l'autre. Ou la la, on l'entendait depuis les tribunes, ça claquait…

KEMO : Tu veux parler de Kiko ?

MESUD : C'est lui ! Kiko, Kiko de l'insolente Drina. *(S'adressant à Aleks.)* Comme toi.

Changement d'éclairage. Aleks se filme lui-même.

ALEKS : Ici, c'est ma chambre. Ma valise. Dans la valise s'empilent les listes. Sur les listes s'alignent les rues. Sur les listes de rues se succèdent les noms. « Damir Kićić », c'est sur une des listes. « Damir Kićić-Kiko ». J'ai établi des listes.

16. KIKO II

Kiko assis à une table. Il joue avec un ballon de foot. Hanifa, des photos, le café.

ALEKS : Dans une cour entre des immeubles à la périphérie de Sarajevo un homme au crâne rasé lance un ballon en l'air. Le ballon rebondit sur son front. Rebondit sur son front. Rebondit sur son front. L'homme a les bras croisés et à chaque fois, au moment de faire rebondir le ballon, il rentre la tête dans les épaules. Un grand crâne rasé, un crâne bosniaque, une cicatrice sur la nuque, il fait rebondir le ballon très haut, le laisse un court instant reprendre élan.

Sept, huit… les béquilles de l'homme raclent le béton, dix, onze… Il bouge à peine le torse avant de réceptionner le ballon, je n'ai pas besoin de voir son visage, je sais. Kiko sur des béquilles. Kiko en jean, la jambe gauche nouée sous le moignon. Kiko – le crâne d'acier de l'insolente Drina.

KIKO : J'étais engagé volontaire. Je m'étais dit je vais m'arranger pour rester en ville. Mais j'ai été envoyé sur le mont Igman. Le mont Igman, c'est là que se joue le destin de Sarajevo, voilà ce qu'on nous avait expliqué. Mon ballon ne m'a jamais quitté.

ALEKS : Mais tu étais où exactement ?

KIKO : Derrière les talons de Dieu, mon Aleks, derrière les talons de Dieu. J'ai vu un cheval se précipiter dans l'abîme parce qu'il ne supportait plus le froid et n'avait plus la force de traîner notre artillerie, vers le sommet, vers la vallée. Il s'est suicidé. *(Montrant une photo à Aleks.)* Là, à côté de moi, c'est Milan Jevrić.

ALEKS : On les voit tous les deux, ils jouent au foot, en uniforme, ils se disputent un ballon complètement rapiécé, à gauche, à droite, des soldats, alignés, limites de terrain vivantes. Milan, c'est un vrai géant, il porte la cocarde ornée de l'aigle à deux têtes serbe, Kiko a sur la poitrine le lis de l'armée bosniaque. Ils regardent d'un air sombre le ballon.

Elle a été prise quand, cette photo ?

KIKO : Trois – trois. Prolongations

ALEKS : Comment ?

KIKO : Pendant les cessez-le-feu, on jouait au foot entre les tranchées. Deux fois quarante minutes, c'est l'un des nôtres qui avait arbitré la première mi-temps, un Serbe la seconde – si on triche, autant que ça soit de manière équitable. Milan, Milan, c'était un fou furieux. Fou furieux parce que dans ces temps où nous n'étions tous que des monstres, lui, il était un homme, tout simplement, et un homme au grand cœur. C'est en son honneur que mon fils porte un prénom serbe.

Kiko récupère le ballon et continue à jongler.

17. Arrivée à Višegrad

Aleksandar arrive à Višegrad avec sa valise.

UN TYPE/UN POLICIER : Qui cherches-tu ? Où vas-tu ? De quelle famille es-tu ?

ALEKS : Je viens voir ma grand-mere Katarina… Elle est diabétique…

LE TYPE : Katarina Krsmanović ? Tu es Aleksandar, non ?

ALEKS : Oui.

LE TYPE : Tu connais Miki, Miki Krsmanović ?

ALEKS : Hmm… C'est mon oncle.

LE TYPE : Ton oncle, tiens tiens. Nous allons dans la même direction.

ALEKS : Mon oncle, vous le connaissez ?

LE TYPE : Non, grâce à Dieu, non, je ne le connais pas.

Obscurité.

ALEKS : Dans la cage d'escalier, les interrupteurs ont été arrachés. Des fils sortent des trous, cous maigres sans tête, bleus et rouges.

Aleks frappe à la porte.

GRAND-MÈRE : Tu avais dormi chez nous. Entre grand-père et moi. C'était comme ça que tu étais le mieux. Grand-père a dû se lever de bonne heure, pour une réunion du comité du parti. Tu pleurnichais, tu voulais l'accompagner pour tenir toi aussi des discours. Il t'a dit quelque chose à l'oreille. Tu as ri, tu t'es calmé. Je suis allée prendre un café chez les voisines. Tu es resté en haut, chez nous. Tu triais tes petites autos. Tu n'as jamais vraiment joué avec, tu te contentais toujours de les garer. Pour chaque auto, tu avais inventé une histoire. D'où elle venait, qui la conduisait. Le pot d'échappement de la Porsche bramait des chants de partisans. Je suis revenue au bout d'une heure. Les autos n'étaient pas rangées. Elles étaient posées là, comme avant mon départ. J'ai tout de suite remarqué le vase. Il n'était plus à sa place sur le rebord de la fenêtre. Ni nulle part ailleurs. Tu n'avais pas passé l'aspirateur, parce que tu avais peur des aspirateurs. Les minuscules éclats dans le tapis t'ont trahi. Par la suite, tu n'as jamais reparlé du vase. Moi non plus. Et grand-père, il n'a sans doute pas remarqué le vase, pas remarqué qu'il n'était plus là. Pourtant, c'était lui qui me l'avait offert. Et ça, tu le savais. Il avait, trois jours durant, cueilli des fleurs pour moi, tout simplement. Il avait fleuri tout l'appartement. Je n'ai jamais vu autant de fleurs à la fois, ni avant ni après. Dans le vase, c'étaient des coquelicots, écarlates. Les autos n'avaient pas bougé. Tu as dit que tu allais jouer dehors. Je n'ai rien dit. Je ne t'ai pas embrassé sur le front. Je ne t'ai pas dit que tu aurais ensuite ton lait chaud. Tu attendais toujours exactement douze minutes avant de boire ton lait chaud. Je ne t'ai pas dit que tout était comme il faut. Ni que tu étais un enfant. Ni que tu étais notre soleil et que tu n'avais pas besoin d'avoir peur pour quelques débris. Ni combien j'étais heureuse quand tu dormais entre grand-père et moi. Ou combien j'aimais que tu commences chacune de tes journées par cinq questions. Avant de nous dire bonjour, cinq questions. Mais que faisais-tu donc dans tes rêves ? Je ne t'ai pas dit que tout était bien. Tu es parti. J'ai changé de place tes petites autos. La Ferrari devant. *(Aleks et elle disent ce qui suit en chœur.)* Son conducteur est un nomade du désert dont le grand-père est très malade. Cela fait un certain temps qu'il ne quitte pas son lit dans un état africain

non-aligné. Il dit d'une voix faible à son petit-fils :
« Mon soleil, je vais bientôt mourir, mais j'ai un
dernier vœu. Dans un lieu lointain, l'eau est
solide. On peut la lancer comme une pierre. Mais
si tu tiens cette pierre assez longtemps dans ta
main, elle se transforme en une eau douce et
froide. Avant de mourir, je veux au moins une
fois boire une telle pierre. Apporte-la-moi, mon
soleil. » Depuis ce jour-là, le jeune nomade erre
de par le vaste monde dans sa Ferrari et cherche
un moyen d'apporter à son grand-père dans son
désert une pierre d'eau. *(Grand-mère, seule.)* Ton
histoire d'un temps où chacun pensait que chaque
chose était comme elle devait être. Au bon vieux
temps.

On n'entend pas la sonnette. Pas de courant. Aleks frappe.
Ils se serrent un bref instant l'un contre l'autre.

ALEKS : Grand-mère m'embrasse dans le cou, elle
me fait peur, j'ai aussi peur de moi parce que sa
bouche humide et les petits poils de sa lèvre supé-
rieure qui me chatouillent me dégoûtent un
peu…

GRAND-MÈRE : Aleksandar, je vais mettre ton lait
à chauffer. Viens, tu es fatigué, laisse-moi te
regarder. Au fait, tu bois du café ?

ALEKS : Pour la première fois de ma vie, je bois le
café avec ma grand-mère. Derrière une étagère,

ma canne à pêche, cachée là depuis notre fuite. Derrière la penderie de la chambre à coucher, il y a les quatre-vingt-dix-neuf images de l'Inachevé, toutes ont quelque chose d'écrit sur le dos de la feuille, je vais les terminer l'une après l'autre.

18. Images inachevées, destins inachevés, voisins

ALEKS : La Yougoslavie avec la Slovénie et la Croatie. La Drina sans le vilain pont neuf. Une courge, pas encore découpée. Tito en T-shirt, Tito sans impact de balle en guise d'œil. Grand-père Rafik sans sa bouteille de cognac. Une bougie sans mèche. Un lézard avec sa queue. Van Gogh avec ses deux oreilles. Le drapeau yougoslave avant la disparition de l'étoile. La statue d'Ivo Andrić qui a encore la tête d'Ivo Andrić. Le cimetière sans la pierre tombale de Grand-père Slavko. Carl Lewis sans médaille d'or. Un börek pas mangé complètement. Un ciel étoilé sans étoiles. Un gramophone sans soldats dans les parages. Une blessure et pas de sang. Un chien sans collier. Le visage de maman sans les rides du souci. Un pistolet non chargé. Dix soldats sans armes. Youri Gagarine sans Neil Armstrong. Une partie de foot, le coup d'envoi est sifflé. Le tableau de l'année 1989 – l'Étoile rouge est encore en tête. L'oncle Bora, mince. Une demi-lune. Une fusillade mais personne n'est étendu à terre, on ne voit pas de sang. Des mains qui appuient sur un interrupteur. Autoportrait aux deux grands-pères. Asija. J'ai établi des listes : les voisins, monsieur le professeur de musique Popović.

MARIJA : Aleksandar, ta grand-mère m'a dit que tu étais venu.

ALEKS : Marija, je ne me trompe pas ?

MARIJA : Pas étonnant que tu aies du mal à te souvenir, je n'avais jamais le droit de jouer avec vous.

ALEKS : Ton grand-père est là ?

MARIJA : Oui. Entre.

M. POPOVIĆ : Aleksandar ! – Quelle surprise ! Assieds-toi, mon fils, assieds-toi. Honnêtement, je ne t'aurais pas reconnu. En visite chez ta grand-mère ?

Ils s'asseyent. Marija, la petite-fille, apporte les médica-ments, du café, du fromage…

ALEKS : Oui, depuis la guerre je n'étais pas…

M. Popović : Pendant mes études, j'étais ami de ton grand-père, et par la suite, politiquement, nous étions d'accord. Slavko était un orateur né, ses idées, ils n'étaient pas nombreux à les comprendre parmi les membres du Parti, et presque personne ne les approuvait. Il s'agissait par conséquent d'idées tout à fait excellentes. Tout ça remonte à combien de temps...

M. Popović : Professeur Petar Popović et vous êtes ?

Aleks : Pardon ?

Marija : Grand-père, c'est Aleksandar, le petit-fils de Slavko.

M. Popović : Slavko Krsmanović ? Quelle surprise ! Comme vous avez changé, Aleksandar ! Vous savez, votre grand-père passait souvent nous voir avec vous. À l'époque, vous aviez tout juste... je crois que vous aviez au plus...

Marija : Ça va te revenir, grand-père, ne te bouscule pas.

M. Popović : Marija, qui est ce monsieur ?

Aleks : Aleksandar Krsmanović. Je suis en visite chez ma grand-mère. Un jour, pour mon anniversaire, vous m'avez offert une Encyclopédie de la Musique.

M. Popović : Mais évidemment, l'Encyclopédie universelle de la Musique ! Tu te demandais quel genre de musique les maisons pouvaient bien jouer ! Le petit-fils de Slavko, pas vrai ? Marija, va nous chercher une bière, s'il te plaît. Tu prendras une bière ?

Aleks : Avec plaisir.

Mais Marija ne bouge pas, elle regarde avec inquiétude son grand-père.

M. Popović : Petar Popović, à qui ai-je l'honneur ?

Marija : C'est peut-être mieux ainsi, on peut se cacher devant l'horreur du souvenir et on ne se laisse pas gifler jour après jour par un présent presque plus horrible encore.

Aleks : J'ai établi des listes. Des choses que j'avais promis d'oublier. Pas de liste plus longue que celle-là.

Monsieur Popović se lève, il fredonne un air, une mélodie s'élève, jouée au piano, comme quand autrefois Aleks l'avait rencontré dans l'escalier. Sur des touches qui flottent dans l'air, invisibles, l'ancien professeur de musique joue Bach et chante :

M. Popović : *(il chante)* « Je ne te lâcherai pas que tu ne m'aies béni. Je me réjouis de pouvoir dès aujourd'hui me libérer des misères de ce temps. »

143

Aleks repart.

ALEKS : Aujourd'hui, de chez Grand-mère à chez nous, il y a 2 220 pas. J'essaye de faire le moins de bruit possible, le portail du jardin grince, je m'installe à une petite table qui n'était pas là autrefois. Le portail ne nous appartient pas, la table non plus, les allées du jardin sont bétonnées. Le passé ne nous appartient pas, rien ne bouge dans la maison. Un nom étranger à côté de la sonnette. Je ne sonne pas.

Radovan Bunda s'assied à côté de lui. Changement de décor. Deux filles légèrement vêtues servent le café. Sur l'un des deux minibustiers, on peut lire « Princess Bitch », sur l'autre « Mc Radovan's ».

ALEKS : Je pourrais faire une liste intitulée « Les gagnants de la guerre ». Radovan Bunda. Il est tôt, c'est le matin, il avait fallu prendre rendez-vous, 7 heures, c'était le seul créneau disponible. Débordant d'énergie, jamais malade et jamais en panne de jurons, Radovan Bunda était autrefois un hôte apprécié aux fêtes de mes arrière-grands-parents à Veletovo. À l'hiver quatre-vingt-onze, il a quitté son village où l'on redoutait l'électricité, les jeans et la pleine lune, et s'est installé à Višegrad.

RADOVAN BUNDA : À mon arrivée en ville, le premier jour, j'ai vendu mes moutons et loué cet appartement au cinquième étage. Je n'ai pas réussi à faire prendre l'escalier à mes vaches, alors je les ai vendues elles aussi. Avec l'argent de la vente, j'ai acheté une chaise, une table, mon premier aspirateur, mon premier réfrigérateur et ma première bouteille d'eau gazeuse. Quand la guerre est arrivée, j'ai voulu regagner mon village, mais mon village n'en était plus un. Je me suis dit bon, je ne suis pas capable de vengeance, j'ai donc fait du stop et arrêté un camion, je me suis un peu disputé avec son conducteur jusqu'à ce qu'il se retrouve dans le fossé à râler. Rien de bien méchant.

ALEKS : Qu'est-ce qu'il transportait ?

RADOVAN BUNDA : Des médicaments. Les Casques bleus devaient les livrer à des hôpitaux, mais en fait, ils les vendaient au plus offrant. Si ceux qui sont chargés de nous protéger sont des criminels, alors, je n'en suis pas un si je vole ce que transporte un criminel.

ALEKS : Et qu'avez-vous fait de tout ça ?

RADOVAN BUNDA : J'ai vendu au plus offrant. *(Il rit.)* Avec le blé que ça m'a rapporté, j'ai loué un local, en bas, dans la ville, j'ai vendu du café et des grillades et j'ai appelé le local « McRadovan ». Un troquet parmi tant d'autres, mais le mien était le premier où on pouvait faire des paris. Ils sont tous venus, mes médecins, mes Casques bleus, mes réfugiés, mes hommes politiques, mes trafiquants. Ils ont tous fait des paris — et le seul qui a vraiment gagné dans l'affaire, c'est moi, Radovan Bunda.

ALEKS : Et aujourd'hui, vous faites quoi ?

RADOVAN BUNDA : Mes filles chantent. Il n'y a pas encore de musique, mais une vidéo. Les filles dansent aussi. J'y joue mon propre rôle, un chapeau sur la tête.

ALEKS : Santé ! 588 pas jusqu'au café de Radovan. Eminem et turbo-folk.

Zoran les rejoint. Radovan s'en va en passant derrière le comptoir.

ZORAN : Santé !

ALEKS : À quoi on boit ?

ZORAN : À notre santé, à quoi d'autre ?

ALEKS : Au passé ?

ZORAN : Le passé, il n'existe plus.

ALEKS : Zoran…

ZORAN : Ouhlàlà.

ALEKS : Quoi ?

ZORAN : Regarde un coup autour de toi, je t'en prie, regarde autour de toi et dis-moi : tu connais encore quelqu'un ici ? Même moi, tu ne me connais plus ! Tu es un étranger, Aleksandar ! Tu peux t'en réjouir.

ALEKS : Je veux juste comparer mon souvenir avec maintenant.

ZORAN : Je vais te raconter quelque chose pour ta comparaison !

Je sais à quoi ressemble la peau d'un homme qu'on a attaché à l'arrière d'une voiture pour le traîner pendant des heures à travers la ville. Tu te souviens de Čika Sead ? Ils l'ont empalé et fait griller comme un agneau, quelque part au bord de la route de Sarajevo. Et si tu te souviens de Čika Sead, tu te souviens aussi de Čika Hasan. Avant la guerre, il donnait son sang, 82 litres il avait donné, il s'en vantait toujours. Ils l'ont amené jour après jour sur le pont pour qu'il jette dans la Drina les cadavres de ceux qui avaient été exécutés. Hasan écartait les bras des morts avant de les lâcher, et il a donné ainsi à 82 morts la Drina pour tombe. Et quand ils lui ont ordonné d'y envoyer le quatre-vingt-troisième, il s'est hissé sur la balustrade, a écarté les bras à son tour. Ça suffit, je ne veux plus, voici ce qu'il a dit, à ce que l'on rapporte.

Tous s'éloignent, sauf Aleks ; Radovan lui laisse une bouteille de vin. Marija entre en scène.

ALEKS : Je ne veux plus.

Aleks et Marija boivent du vin.

MARIJA : Salut, Aleksandar.

ALEKS : Les filles : Nataša. Asija. Marija. Marija était trop petite et trop fille pour à peu près tout ce que nous voulions faire. Non, Marija, tu ne joues pas.

MARIJA : Tu vas bien ?

ALEKS : Pas toujours. Et toi ?

MARIJA : Mon dernier petit ami était vice-champion de Bosnie de taekwondo. Nous avons passé douze heures ensemble. Puis il m'a expliqué qu'il était vice-champion de Bosnie de taek-wondo.

ALEKS : On boit à quoi ?

MARIJA : Aux gens ! Tu as eu des nouvelles d'Edin ?

ALEKS : Il avait passé encore quelques mois à Više-grad. Jusqu'à ce que cela ne soit plus possible, jusqu'à ce que la boucherie commence. Dans la nuit qui a précédé son départ de la ville avec sa mère, il m'avait écrit une lettre. Ils voulaient franchir les montagnes et aller un jour en Espagne…

Marija : Comment tu le sais ?

Aleks : Il avait donné un numéro de téléphone en Espagne, d'un oncle ou quelque chose de ce genre…

Marija : Et alors ?

Aleks : J'ai appelé une fois, mais il n'y avait personne au bout du fil.

Marija : Quoi, et c'est tout ? Aleks ! Je n'y crois pas ! Vous étiez inséparables ! Tu n'as appelé qu'une seule fois… ?

Aleks : *(in petto)* J'ai appelé trois cents fois Sarajevo. *(Ils boivent.)*

Edin : Cher Aleks,

Je déteste qu'on coupe l'eau à midi et que les réverbères ne marchent pas et qu'il y ait sans arrêt des pannes de courant et qu'on ne ramasse pas les ordures. Qu'il fasse si froid, c'est ce que je déteste le plus. Ils ont incendié les deux mosquées, ils les ont réduites en cendres, et maintenant il paraît que c'est un parc, mais c'est tout sauf un parc, c'est du vide et des ruines autour desquels on a installé quatre bancs, et je déteste tous ceux qui s'y asseyent. Les soldats ont dansé, ils ont fait la ronde autour des ruines.
Je déteste le lycée, je déteste que nous soyons à cinquante-quatre par classe, je déteste être obligé de

tout le temps faire la queue parce que tout manque, sauf les gens et la mort. Même le gymnase est plein de gens, je ne sais même pas s'il s'agit de prisonniers ou de réfugiés.

Je déteste les soldats. Je déteste l'armée populaire. Je déteste les Aigles blanc. Je déteste les bérets verts. Je déteste la mort, je déteste le pont et les coups de feu au milieu de la nuit et les cadavres dans le fleuve et je déteste qu'on n'entende pas l'eau quand le corps s'y écrase, je déteste mes yeux parce qu'ils ne savent pas distinguer qui sont ces gens jetés dans le vide ni ceux qui sont tués par balle dans l'eau, ou peut-être en plein vol. D'autres sont tués sur le pont même, et le lendemain matin, les femmes s'y agenouillent et frottent pour effacer le sang. Je déteste le type du barrage qui se plaint en disant qu'on ne devrait pas jeter tant de gens à la fois dans le fleuve parce que ça perturbe le débit.

Je déteste les hôtels, je déteste les camions remplis de filles et de femmes qui roulent vers les hôtels, je déteste les violeurs, je déteste ceux qui se taisent, je déteste ceux qui détournent les yeux, je déteste les maisons en flammes et les fenêtres en flammes d'où les gens qui brûlent, sautent vers les fusils et je déteste que les travailleurs travaillent, que les professeurs enseignent, que les colombes prennent leur envol.

Je déteste que tout le monde condamne tout, que tout le monde déteste tout, et que même les gens bons soient dans cette haine, que je sois bon moi aussi. Et je te déteste. Je te déteste parce que tu es parti, je me déteste parce que j'ai dû rester. Un jour, tu m'as raconté que tu avais parlé avec la Drina. Fou. Je me demande ce qu'elle dirait maintenant, si elle pouvait vraiment parler. Un cadavre comme ceux-là, ça a quel goût ? Ma haine est infinie, Aleksandar. Même quand je ferme les yeux, tout est là. Ton secrétaire fidèle à la ligne du parti et meilleur ami, depuis l'enfer de Višegrad, Edin.

PS : cette nuit, ma mère et moi, nous allons tenter notre chance, nous avons un contact en Espagne, nous allons quitter l'enfer en franchissant le mont Panos, j'emporte la haine avec moi.

Flash back. Escalier. Aleks est seul.

ALEKS : *(se souvient)* Je descends dans une cave, ce n'est qu'une cave. Un générateur produit un peu de lumière, les murs gris et nus d'autrefois me paraissent irréels. C'est ici que se sont disputés mes parents. Ici que j'ai été le plus rapide. Ici qu'était assise Asija terrorisée. Ici qu'un soldat a fait cliqueter le canon de son fusil contre les barreaux de la rampe d'escalier, tacatacatacatac.

MARIJA : La règle du jeu : quand on remonte l'escalier : cessez-le-feu.

ALEKS : Ici, sur ces marches, Asija, assise, pleurait. Ici, moi, qui ne voulais plus de souvenirs ce soir-là. Liste des questions que je n'ai jamais

151

posées. Qui tire ? Qui tire sur qui ? Pourquoi ? Quand est-ce que ça va s'arrêter ? Est-ce que les toits de Višegrad vont brûler comme ceux d'Osijek ? Est-ce que la saison de foot va continuer ? Qui est-ce qui nous défend ? Qu'est-ce qui arrivera si un obus touche la tombe de grand-père Slavko ?

Est-ce que pour les poissons tout est comme d'habitude ?
Ici, sur les marches qui mènent à la cave : moi.
Ici, à côté de moi : Asija.

MARIJA : Règle du jeu : quand on remonte l'escalier – souvenir. Toutes les deux minutes, la lumière s'éteint.

La lumière s'éteint. Silence.

19. La messe des morts

MIKI : Bonjour, Aleksandar.

ALEKS : Bonjour, Oncle Miki.

ONCLE MIKI : Nous allons sur la tombe de Grand-père Slavko, tu viens avec nous. C'est le jour de la messe des morts. Habille-toi.

ALEKS : Miki se tourne vers la fenêtre. La bosse sur l'arête de son nez, les grands arcs de ses sourcils. Le profil de mon grand-père Slavko, sa belle bouche. Comment vas-tu, mon oncle ?

ONCLE MIKI : Ça sent la pluie. Que vas-tu faire quand tu auras fini tes études ? Tu as une petite amie ? T'as l'intention de faire des enfants ? Arrange-toi pour avoir du fric. Ton père et Bora, ils ont un problème avec moi. Ton père et Bora, ils ne jugent pas nécessaire de venir voir leur propre mère. Ton père, ça fait sept ans qu'il ne m'a pas adressé la parole. Il envoie de l'argent, des photos d'une piscine, avec ta mère en maillot de bain. Pour ton père, je vaux moins qu'un chewing-gum déjà mâché. Mais ça ne va pas ! Pas comme ça ! Non, ça ne va pas comme ça !

GRAND-MÈRE KATARINA : Les enfants. Un jour, Slavko a rempli l'appartement de fleurs pour moi, une autre fois, devant le comité central, au lieu de faire un discours, il a raconté le Petit Chaperon rouge à sa manière, une fois il a fait une prophétie, il disait que ça ne pouvait pas bien finir, et une fois, il s'est demandé s'il allait me tromper, je l'ai senti au goût de ses baisers.

L'Arrière-grand-père et l'Arrière-grand-mère se joignent à eux.

ALEKS : L'Arrière-grand-père s'est étrangement allongé. Sa redingote, tachée et fripée, sa voix, comme une lime éraillée.

L'ARRIÈRE-GRAND-PÈRE : Aleksandar, mon soleil, Miki, Miki, Miki…

GRAND-MÈRE KATARINA : Comment va ta sciatique, père ?

L'ARRIÈRE-GRAND-PÈRE : C'est quoi ?

ALEKS : Mon arrière-grand-mère a tressé ses cheveux, elle est pleine de douceur, jusqu'où a-t-on le droit de serrer fort dans ses bras une personne légère comme une plume et vieille comme les pierres ? Elle mâchonne bouche grande ouverte une bouchée invisible.

MIKI : On mange quoi ?

ALEKS : La tombe de grand-père est une table de fête, propre, rustique, et c'est la seule tache blanche de tout le cimetière. Là où je suppose que se trouve la tête de grand-père, grand-mère creuse la terre avec une cuiller et elle plante une cigarette dans le trou. *(S'adressant à Grand-mère.)* Mais Grand-père ne fumait pas.

GRAND-MÈRE KATARINA : En cachette.

ALEKS : Il se met à pleuvoir, nous nous asseyons autour de la tombe. La cendre de la cigarette de Grand-père se recourbe. La pluie mouille les oignons, elle mouille les pommes de terre et frappe le couvercle de la casserole de poivrons. Je mange comme si j'avais jeûné des jours et des jours. De temps en temps, l'un de nous dépose quelque chose sur la tombe, un cornichon, une tranche de pain ; je sale le pain, et je sale la terre en même temps, j'y creuse moi aussi un trou que je remplis de schnaps.

155

L'Arrière-grand-père : Oui, c'est bien, quatre Krsmanović au même endroit.

Voix pleines de pluie. Histoires minuscules. Des millions de voix, échos *: « Tu as la voix de grand-père Rafik ». Grand-père Rafik. La tombe de Kamenko.*

Aleks : La pluie s'abat sur nous en vagues.

Grand-mère : Comme il a mérité d'être heureux, mon mari !

Aleks : Comme il nous en a donné, des histoires, mon grand-père ! Comment toutes les retenir ?

Oncle Miki : Combien est-ce qu'il peut rester de schnaps ?

Aleks : Je mange, je bois, je mange, je bois, je mange, la pluie me dégouline dans le cou, la cigarette de Grand-père est finie.

L'Arrière-grand-mère lui tend la baguette magique.

Oncle Miki : *(se coiffant du chapeau)* Il n'y a rien dont nous saurions être fiers tous ensemble, père, et rien dont nous soyons coupables ensemble.

Aleks fait tomber Oncle Miki par terre d'une bourrade, ils se bagarrent. On les sépare. L'arrière-grand-mère enveloppe Oncle Miki dans un drap blanc, l'emporte en le faisant rouler. Aleks reste par terre sous une pluie épouvantable. Les autres s'éloignent.

GRAND-PÈRE SLAVKO : Que dis-tu de ta Drina à toi, ta Drina de pluie, Aleksandar.

ALEKS : Je romps notre promesse. Il y a longtemps que je l'ai rompue.

GRAND-PÈRE SLAVKO : C'est toi que tu veux rompre ?

ALEKS : *(criant)* L'indifférence de la Drina me manque, l'épine dorsale dure comme le roc de nos montagnes, l'estomac qui convient au schnaps ! Et me manquent aussi Armin, le chef de gare, Čika Hasan et Čika Sead et leur éternelle querelle, la jambe de Kiko, Edin, qui oublie qu'il est en train d'imiter un loup et qui sursaute en entendant sa propre voix, notre jardin, Chou, le cheval, les noms des arbres, les cages de foot dans la cour de l'école et il me manque encore beaucoup plus de choses, toute cette ville est devenue manque, tout me manque pour pouvoir comme chacun de nous raconter une bonne histoire nous concernant dans le temps. Notre promesse de toujours raconter, je la romps maintenant, je l'ai depuis longtemps rompue.

GRAND-PÈRE SLAVKO : L'heure n'est pas aux bonnes histoires, l'heure est aux histoires vraies, Aleksandar. Nous ne devons plus être celui qui raconte et celui qui écoute, nous devons être celui qui donne et qui pardonne.

ALEKS : Si j'étais magicien du possible et de l'impossible…

GRAND-PÈRE SLAVKO : Aleksandar…

ALEKS : … je nous rendrais capable de voyager à travers le temps ; je voyagerais jusqu'à ce jour au bord de la Drina, quand j'avais pêché notre dîner.

GRAND-PÈRE SLAVKO : Une bonne histoire, c'est comme notre Drina : impétueuse et large, tant d'affluents l'enrichissent, elle sort de son lit, nous recouvre avec force, écume et gronde, et quand elle est moins profonde, ce ne sont que rapides, ouvertures sur les profondeurs – pas un petit clapotis. Mais il y a une chose dont ne sont capables ni la Drina ni les histoires : revenir en arrière. L'eau ne peut pas faire demi-tour et choisir un autre lit, et aucune promesse qui pourrait maintenant être tenue malgré tout. Aucun noyé ne surgit des flots pour demander une serviette, aucun amour perdu ne se retrouve, aucun buraliste qui ne soit né, aucune balle ne resurgit d'un cou pour retourner dans l'arme, le barrage tient ou ne tient pas, cet homme est devenu un criminel et le restera : la Drina n'a pas de delta.

ALEKS : Et parce qu'on ne peut faire que ne soit pas ce qui a été, tu aurais pu m'imaginer assis sur toi, en train de parler à ton tombeau.

Grand-père Slavko : Parle-lui plutôt à elle.

Le téléphone portable d'Aleks sonne. Grand-père Slavko s'allonge.

Aleks : Allô… ? Qui est à l'appareil… ? Quoi ? Asija ? Asija, c'est toi ?! (*Bruissements. Des millions de voix, écho.*) Asija ? Asija ? Qui est à l'appareil ? Qui ???? Asija ? (*Il court en tous sens parmi des gens qui peu à peu surgissent.*) Asija ?! Dis quelque chose ! Asija ! Je suis là, oui, je suis là !

Pour l'éditeur, le principe est d'utiliser des papiers composés de fibres naturelles, renouvelables, recyclables et fabriquées à partir de bois issus de forêts qui adoptent un système d'aménagement durable.

En outre, l'éditeur attend de ses fournisseurs de papier qu'ils s'inscrivent dans une démarche de certification environnementale reconnue.

Cet ouvrage a été composé par PCA
à Rezé (Loire-Atlantique)
et achevé d'imprimer en France
par CPI Bussière
à Saint-Amand-Montrond (Cher)
pour le compte des Éditions Stock
31, rue de Fleurus, 75006 Paris
en octobre 2010

Dépôt légal : novembre 2010.
N° d'édition : 01. – N° d'impression : 102903/4.
54-08-6327/8